T. P. M.

JOSÉPHINE DE COURTEN

EN RELIGION

MÈRE THÉRÈSE-MARIE

DE LA CONGRÉGATION DES RELIGIEUSES DE SAINTE-CLOTILDE

(1857-1928)

PAR

C. DE COURTEN

Préface du R. P. YVES DE LA BRIÈRE

" Editions Spes "

17, RUE SOUFFLOT, PARIS (Ve)

1930

JOSÉPHINE DE COURTEN

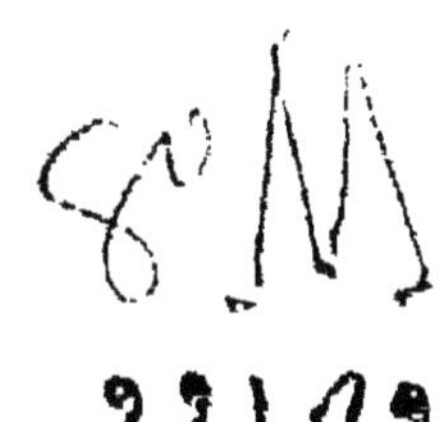

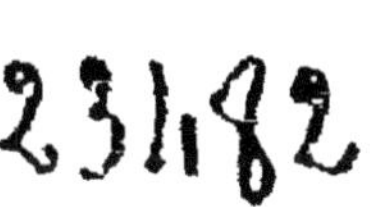

T. P. M.

JOSÉPHINE DE COURTEN

EN RELIGION

MÈRE THÉRÈSE-MARIE

DE LA CONGRÉGATION DES RELIGIEUSES DE SAINTE-CLOTILDE

(1857-1928)

PAR

C. DE COURTEN

Préface du R. P. YVES DE LA BRIÈRE

" Editions Spes "

17, RUE SOUFFLOT, PARIS (Ve)

1930

Nihil obstat,
die 8ª octobris 1929,
P. DE COURTEN,
prêtre

Imprimatur,
die 8ª octobris 1929;
† EMMANUEL,
Év. d'Isionda.

...Une voix vivante en moi parle et proclame
Comment dans nos aïeux se prépare notre âme.

PIERRE DE NOLHAC
(*Le Testament d'un Latin.*)

PRÉFACE

Les pages qui vont suivre, et que j'ai lues avec une admiration émue, constituent d'abord un juste hommage à la famille religieuse des Dames de Sainte-Clotilde.

Rien d'exceptionnel, aux yeux du monde, ne caractérise cette biographie. Mais elle raconte sincèrement et discrètement une carrière qui est, dans son détail quotidien, la carrière même de chacune des religieuses de Sainte-Clotilde. Un rayonnement particulier de grandeur morale a pu fixer ici l'attention et la mémoire d'un cercle restreint d'amis privilégiés. Mais l'intérêt majeur du portrait me semble bien être dans le type collectif lui-même, dont il rassemble et dont il symbolise excellemment les traits. Avec la physionomie d'une religieuse exemplaire, l'auteur nous aura permis de contempler toute une phalange fraternelle de magnanimes élues de Dieu.

La vertu peu commune que requiert et que développe la vocation des religieuses de Sainte-Clotilde est en rapport spécial avec la plénitude méritoire et constante de leur vie en commun. L'un des sens possibles de la maxime fameuse de saint Jean Berchmans : Mea maxima poenitentia vita communis *paraît bien être : « Ma plus grande pénitence est la vie en communauté »,*

a*

avec les sujétions et renoncements que la société d'autrui exige quotidiennement au nom de l'observance religieuse et de la charité fraternelle, malgré les diversités inévitables de caractère et d'humeur. Pour les Dames de Sainte-Clotilde nul doute que la vie en commun ne doive constituer la plus mortifiante et la plus redoutable pénitence. Vie en commun des religieuses les unes avec les autres. Vie en commun avec les enfants dont elles sont les éducatrices et les mères. Vie en commun qui, jour et nuit, impose un détachement complet de toute apparence de liberté ou propriété personnelle. Beaucoup d'âmes généreuses considéreraient les plus rigoureuses austérités corporelles comme infiniment moins à craindre que l'abnégation perpétuelle de cette vie en commun.

Or, les religieuses de Sainte-Clotilde pratiquent la vie en commun, qui est la loi primordiale de leur vie de communauté avec une générosité, une simplicité, une allégresse, un total oubli d'elles-mêmes, qui portent le caractère évident du plus pur Esprit de l'Evangile. A de pareils fruits de vertu, l'on ne peut pas ne pas reconnaître le bon arbre, l'arbre de vie et de sainteté, qui s'épanouit, qui fleurit et fructifie sur le terroir de l'Eglise, fécondé par l'action mystérieuse de la divine grâce.

Deux autres caractères distinguent encore la tradition surnaturelle de Sainte-Clotilde : la charité fraternelle et le dévouement maternel. Qu'on veuille bien lire la pieuse biographie que nous présentons au lecteur, et l'on verra quel est le charme des relations de mutuelle charité qui unissent étroitement les religieuses les unes aux autres, dans les bons et les mauvais jours, dans l'accomplissement humble et quotidien des œuvres saintes de leur bien-aimée vocation. Charité fraternelle qui est un remède de vie et d'immortalité. L'on verra pareillement quelle sollicitude maternelle inspire le dévouement des religieuses de Sainte-Clotilde envers leurs élèves de tous les âges. C'est la délicatesse, la tendresse, l'intelligence et la virilité chrétienne de leur dévouement apostolique qui marquent dans ces jeunes âmes une empreinte profonde, durable pour toute la vie, et qui forment des femmes de devoir, de vertu solide, de généreuse ardeur à toutes les formes du bien. Plusieurs générations, déjà, ont passé depuis que la Congrégation fut fondée dans la France de Louis XVIII. L'éducation religieuse de toute une élite féminine a porté ses fruits, divers et multiples, de grâce et de bénédiction. Mieux encore qu'autrefois la mère des Gracques, pour faire admirer sa parure, Sainte-Clotilde peut montrer ses enfants.

Ne voulant, à aucun prix, anticiper sur la biographie, j'ai tenu à ne rien dire de la religieuse à laquelle ce volume est consacré, ni des notations caractéristiques de son âme. Mais je dois rappeler d'un mot quelles traditions magnifiques de loyalisme catholique, héréditaires dans sa noble famille valaisanne, elle a su perpétuer par l'apostolat de sa vocation de religieuse éducatrice. Le nom de Courten est inscrit en traits glorieux dans l'histoire et dans l'épopée de la petite armée pontificale qui disputa pied à pied aux bandes garibaldiennes le domaine temporel de la Papauté souveraine. Et quelle scène immortelle que le tableau d'un autre Courten, l'illustre ancêtre jamais oublié, terrassé par la mort sur son fauteuil de président du Grand Conseil cantonal du Valais au temps de la guerre du Sonderbund, et à l'heure même où il venait de jeter, avec une fermeté intrépide, la malédiction de son petit pays catholique au radicalisme victorieux.

Depuis lors, sont venus, de l'un et l'autre côté des Alpes, des jours meilleurs de concorde nationale et de pacification religieuse. Les Courten ont su remplir, en des conditions différentes, leurs nouveaux devoirs envers la double cité, spirituelle et temporelle. Mais c'est bien la même tradition qui, dans les postes obscurs comme dans les tâches éclatantes, demeure vivante pour le service immortel du même droit et du même amour. Bon sang ne saurait mentir. Ce n'est pas une vaine parole que de relever combien certaines bénédictions divines ont été fécondes parmi eux, parce qu'ils n'ont pas oublié la parole biblique : Nous sommes les enfants des Saints!

Yves de la Brière.

Professeur à l'Institut catholique de Paris,
Rédacteur aux *Etudes.*

CHAPITRE PREMIER

Les Ascendants.

Sion, pittoresquement assise au pied de ses trois collines, Valère, Tourbillon et Montorge, était une ville toute paisible au temps où les chemins de fer, les usines et les autos n'avaient pas encore envahi cette jolie capitale du Canton du Valais.

Aussi, le moindre événement était-il accueilli avec joie par ceux des habitants que n'absorbait pas quelque tâche spéciale. On l'épiait ce maigre incident, on en parlait; parfois même, on en tirait l'horoscope que l'avenir réalisait... ou ne réalisait pas.

C'est ainsi que, le 15 octobre 1833, un petit groupe se dirigeait gravement de la cathédrale à la vieille maison de Georges Supersaxo (1), aujourd'hui propriété de la famille du Fay de Lavallaz.

(1) Homme politique, d'abord protecteur et ami du cardinal Mathieu Schinner, devint son ennemi juré quand il le vit s'allier à Jules II. Par opposition, il signa un traité d'alliance avec les agents de Louis XII en 1510. Par la formation d'un parti français, Super-

C'était la fille d'Antoine du Fay de Lavallaz que son parrain, le chanoine Ignace-Gaspard de Stockalper et sa marraine, Justine de Courten, épouse du Grand Baillif, avaient présentée à l'Eglise et rapportaient à sa mère, régénérée dans les eaux du baptême. M. le vicaire Ulrich, ministre du Sacrement, avait imposé à l'enfant les noms de Marie-Thérèse-Justine-Ignace *Salésia* (1). Parmi les curieux accourus sur le seuil des maisons ou aux croisées, deux demoiselles, deux sœurs, avaient suivi, avec un intérêt particulier, le modeste cortège. Quand il eut passé : « Je crois bien, dit l'une d'elles, qu'on a baptisé, aujourd'hui, la femme de Frédéric?

Quel était ce Frédéric?

C'était, à cette date, un garçonnet d'une dizaine d'années. Son Père, le Comte Maurice de Courten, était Grand Baillif du Valais, quand il mourut, dans des circonstances émouvantes. L'heure était grave en Suisse. Le parti radical et persécuteur avait provoqué en 1845, entre les sept cantons catholiques (2), l'alliance du *Sonderbund* (ligue séparée) pour défendre les intérêts nationaux et religieux du pays, violemment attaqués.

saxo ébranla le pouvoir temporel des évêques, jusque là très puissants en Valais.

(1) La famille Lavallaz, originaire de la Savoie, était apparentée aux de Sales. Quand Fanny, fille d'Antoine, entra chez les religieuses de Saint-Joseph d'Annecy, elle prit le nom de *Marie de Sales*.

(2) Uri, Schwyz, Unterwalden, Zug, Lucerne, Fribourg et Valais.

Le 20 juillet 1846, la diète fédérale prononça la dissolution de la Ligue et ordonna l'expulsion des Jésuites de Lucerne. Dès le 22 juillet, les sept cantons publièrent une protestation contre ces mesures arbitraires.

Le Valais, fidèle à ses serments, se disposait au combat, prêt à donner le meilleur de son sang pour une sainte cause. Afin de délibérer et de décider sur cette importante question, le Grand Conseil se réunit en session extraordinaire, le 5 octobre 1847.

Maurice de Courten avait fait, le matin même, la Sainte Communion; c'était son habitude de se nourrir du Pain des Forts et de s'éclairer aux lumières de Jésus-Hostie, lorsque son mandat l'appelait à présider l'assemblée. Dans son discours d'ouverture, après avoir résumé les « méfaits » du radicalisme, il rappelle les nombreux triomphes des Valaisans, visiblement secourus par Dieu, dans les phases critiques de leur histoire, et il ajoute : « La religion inspire, le patriotisme commande... » Les Etats (alliés) ne seront pas agresseurs, mais ils acceptent le combat. L'orateur termine par un cri de confiance : « Une cause si sacrée ne périra pas, si Dieu trois fois fort, trois fois puissant, lui assure le triomphe.

« C'est en plaçant de nouveau la Patrie sous sa protection, que je déclare la session extraordinaire ouverte. »

Ce discours achevé, le Grand Baillif (1) se

(1) Ancienne magistrature qui existait déjà au temps du pouvoir temporel des évêques de Sion. Le Grand

rassied, pose la tête sur le pupitre présidentiel et rend le dernier soupir, frappé d'une attaque d'apoplexie foudroyante. A ce vaillant chrétien, à ce magistrat intègre, s'ouvrait l'assemblée éternelle des divines récompenses.

Cette mort soudaine plongea les Députés et le Canton entier dans la consternation.

La dépouille mortelle, précédée des tambours aux roulements lugubres, franchit au pas les dix-huit kilomètres qui séparent Sion de Sierre, où devaient avoir lieu les obsèques et l'inhumation dans l'église paroissiale (1).

Les gens du peuple, accourus au passage du triste convoi, se signaient émus, et, saisis d'une crainte superstitieuse, ils disaient, secouant la tête : « C'est mauvais signe! Le Grand Baillif est mort!... Les choses finiront mal... » Et, dans les villages, sur les coteaux, jusqu'au fond des vallées, se répétaient comme un écho funèbre les sinistres augures : « C'est mauvais signe!... Le Grand Baillif est mort!... Nous serons vaincus!... »

Ils disaient vrai. Le général Dufour, à la tête d'une armée fédérale de 100.000 hommes, s'empara de Fribourg et acheva la défaite des catholiques dans les environs de Lucerne, à

Baillif était chef du Pouvoir législatif et exécutif. A ce double titre, il présidait la Diète (Grand Conseil) et le Conseil d'Etat.

(1) Le corps de Maurice de Courten repose au pied de l'autel de Saint-Antoine (aujourd'hui du Sacré-Cœur) dont il était le Patron. Quand son épouse mourut, le 11 février 1863, elle y fut également inhumée à côté de son mari.

Giliskon, où le nombre eut raison de la vaillance et du bon droit.

Revenons de quelques années en arrière.

Justine de Courten, la femme du Comte Maurice, lui avait donné neuf enfants. Quatre seulement arrivèrent à l'âge d'homme. Frédéric, le dernier, né à Sierre le 15 février 1823, reçut, avec une instruction sérieuse, une formation religieuse solide au Collège Saint-Michel, dirigé à Fribourg par les PP. Jésuites (1).

Selon les habitudes de l'époque, Frédéric, ses études achevées, prit du service à l'étranger et devint Officier du Royaume de Sardaigne. Quand la Maison de Savoie entreprit une politique douteuse, le jeune de Courten brisa son épée et revint au pays.

Aussi bien d'autres attraits l'attiraient en Valais. La petite Marie-Thérèse de Lavallaz, qui ouvre notre récit, avait grandi.

Les écoles primaires terminées à Sion, elle compléta son éducation, à Chambéry, chez les Dames du Sacré-Cœur. Formée à la piété par sa Mère, que secondait dans sa tâche, sa fille aînée, Louise, d'une vertu peu commune, Marie-Thérèse n'avait qu'à perfectionner les qualités sérieuses puisées au foyer domestique. Et, quand elle revint du Couvent, c'était une jeune fille accomplie, d'une grande distinction. Intelligence ouverte, esprit fin, juge-

(1) Au temps fameux du P. Barelle comme préfet des études.

ment droit, énergie peu commune, elle était marquée pour devenir le modèle des épouses et surtout une mère incomparable.

Ainsi que le prouve le choix de Justine de Courten, comme marraine de Marie-Thérèse de Lavallaz, les deux familles étaient liées d'une étroite amitié. Les rapports étaient faciles entre les enfants.

Et, le 7 février 1854, la prophétie de la vieille demoiselle se réalisait : Frédéric et Marie-Thérèse se donnaient l'un à l'autre pour jamais. Le mariage fut célébré dans la cathédrale de Sion. Telle était l'affection qu'avait su inspirer Marie-Thérèse, que les jeunes Sédunoises, ses amies, voulurent chanter pendant la messe... Adieu touchant à leur aimable et sympathique compagne. Elle partit pour Sierre, s'installa dans la grande maison ancestrale de son époux, résolue d'être, avant tout et toujours, une femme de Devoir. Bien vite, les joies et les fatigues de la maternité remplirent ses années et orientèrent son activité vers le plus pur dévouement maternel, en même temps que se révélaient chez la jeune mère de rares qualités d'éducatrice.

« J'ai eu beaucoup d'enfants, avait dit Madeleine de Lavallaz à sa fille, je te souhaite le même bonheur. » Le Ciel bénit ce vœu : Madeleine du Fay de Lavallaz avait eu quinze enfants; sa fille, Marie-Thérèse de Courten, aura quinze enfants.

Après un an de mariage, un fils Charles, bientôt suivi d'une fille Adrienne, vinrent égayer le foyer. Et tous les ans, à peu d'exceptions près, une naissance ajoutait aux sollicitudes de la mère et à la fierté du père. On était chrétien, on faisait son devoir et nul ne songeait à s'extasier d'admiration, moins encore à se répandre en plaintes et gémissements devant cette rapide croissance de la famille. C'était la volonté du Bon Dieu : on l'acceptait. Et personne, à cette époque de foi et de vrai christianisme, ne trouvait le fait étrange ou admirable.

Les naissances se multipliaient donc au vieux manoir; mais, trop tôt pour le cœur des parents, l'Ange de la Mort approcha des berceaux et, de sa baguette homicide, il marqua deux lys pour les parterres éternels. Charles, un enfant de cinq ans, et Adrienne, trois ans, atteints du croup, succombèrent à peu d'intervalle l'un de l'autre.

Charles « le premier Charles » (1) a laissé dans sa famille un souvenir plein de charme qu'aimaient à rappeler sa pieuse mère et ses tantes.

A cet âge si tendre, déjà il chérissait Dieu et les pauvres. Il recueillait, dans une tirelire, les pièces de monnaie reçues pour ses menus plaisirs, et les faisait passer, avec sa gentillesse enfantine, dans les mains d'une pauvre vieille.

Pendant sa maladie, il se distrayait avec une image de la Très Sainte Vierge qu'il s'exerçait

(1) Ainsi dénommé pour le distinguer d'un autre Charles, né plus tard.

à encadrer. Comme on lui demandait s'il ne voulait pas guérir : « Oh! non, j'aime mieux aller au Ciel, voir le Bon Dieu! »... Et il partit, le cher petit Charles, il partit « pour le Ciel, voir le Bon Dieu »... Et Mme de Courten et l'humble mendiante mêlèrent leurs larmes, dans une commune douleur, pour pleurer cet enfant de bénédiction qui emportait, avec la blanche robe de son baptême, le mérite de l'aumône chrétienne.

Heureuses les mères qui infusent ainsi, avec leur lait, l'amour du bien et la piété dans l'âme de leurs jeunes fils.

CHAPITRE II

Enfance de Joséphine.

A peine les deux tombes fermées, Joséphine, née le 5 mai 1857, l'aînée désormais, sembla vouloir prendre, elle aussi, son essor pour le Paradis. Un mal, qu'on ne sut trop définir et que l'on prit pour le croup, allait avoir raison de ce petit être de trois ans. Etendue, inanimée dans sa couchette, elle avait toutes les apparences de la mort. Le médecin, impuissant, persuadé qu'il n'a sous les yeux qu'un cadavre, la quitte sans un mot d'espoir... Mais, Mme de Courten, mue par une de ces intuitions dont les mères ont le secret, desserre les lèvres de l'enfant, introduit dans la bouche quelques gouttes de café noir... Elles passent... la malade tressaille... Une réaction se produit... La vie revient qui semblait éteinte. La fillette était sauvée.

Plus tard, dans ses heures noires, Joséphine reprochait à sa mère de l'avoir arrachée à la mort : « Pourquoi ne m'avez-vous pas laissée mourir quand j'étais petite? »

Pourquoi? Parce qu'il n'entrait pas dans les

desseins de Dieu que cette enfant fût une voleuse du Paradis. Elle devait le conquérir à la pointe de l'épée par la lutte contre elle-même, l'épreuve et la souffrance.

Au milieu du cercle familial qui, chaque année, s'élargissait, Joséphine se développait. Elle sembla comprendre, très vite, la valeur et surtout les devoirs de son « droit d'aînesse ». Calme et sérieuse, elle tranchait sur ses petits frères et sœurs, tous très vifs, mobiles et emportés. Les fêtes de famille elles-mêmes revêtaient, pour cette fillette pensive et réfléchie, un caractère de gravité.

Ainsi, quand arrivait Noël, la veille du grand jour, la troupe tapageuse des enfants faisait irruption chez les tantes Antoinette et Emilie, qui occupaient une aile du château, deux demoiselles aimantes et bonnes, d'un accueil toujours indulgent pour le turbulent bataillon. Au 24 décembre, c'était une visite intéressée : Il s'agissait d'emprunter d'antiques plats d'étain...

Puis, les enfants descendaient plus vite qu'ils n'étaient montés et disposaient leurs plats sur la table du salon, destinée à recevoir les surprises de cette nuit miraculeuse. Avec quelle joie exubérante, au matin de la fête, petits frères et petites sœurs, sans grands frais de toilette, croyez-le bien, accouraient au salon, et saisissaient, ravis, les présents descendus tout droit du Ciel. Cela ne faisait pas de doute.

Joséphine fut initiée très tôt au secret du

« Poupon Jésus » (1). Et, de bonne heure, on la traita en jeune fille raisonnable. Tandis que les petits contemplaient leurs jouets et admiraient les images coloriées de leurs illustrés enfantins, elle, la Grande, recevait un volumineux ouvrage, tel un Robinson Crusoë richement relié. On le savait en bonnes mains.

De fait, à ses qualités morales, Joséphine ajoutait un amour de l'ordre poussé jusqu'à la minutie. En considérant ses soins à conserver précieusement les objets à son usage, à les mettre à l'abri des accapareurs ou des gens peu soigneux, un esprit superficiel l'eût facilement taxée d'égoïsme.

Et, voilà qu'en l'année 1868, la mort de nouveau étendit son aile sombre sur le foyer si richement peuplé. Et c'était, cette fois, la mère de famille qu'elle semblait guetter.

Un transport au cerveau conduisit Mme de Courten aux portes du tombeau; déjà les extrémités se refroidissaient. Elle reçut avec piété et résignation les derniers sacrements. Quel tableau navrant que celui de cette femme de 35 ans, présentant ses membres aux onctions saintes, entourée de ses enfants qui sanglotaient autour de son lit. Fritz, le fils désiré, venu au monde après cinq filles, pleurait, comme si, à cet âge si tendre (cinq ans), il eût conscience du malheur qui le menaçait. Joséphine, elle, avec sa maturité extraordinaire, comprenait toute la gravité de ce douloureux

(1) C'est le terme par lequel, en Valais, on désigne l'Enfant-Jésus de Noël.

événement. Lui faudrait-il, à onze ans, remplir auprès des sept orphelins le rôle de la mère disparue?

Non, Dieu eut pitié : il se pencha sur cette maison désolée, et il fit éclater sa miséricordieuse bonté par la puissance d'un de ses fidèles serviteurs. Il n'était question, à cette époque, que des merveilles opérées par le saint curé d'Ars, mort depuis moins de dix ans (1). M. de Courten promit de conduire sa femme sur le tombeau du Thaumaturge, si elle guérissait... Elle guérit et le pèlerinage s'accomplit avec toute la reconnaissance de ces deux chrétiens. Le souvenir de cette faveur demeura vivant dans la famille. Le père surtout, homme à la foi très vive, en parlait toujours avec un sentiment de profonde gratitude. Et la pieuse mère, lorsqu'elle rappelait le fait à ses enfants, ne manquait pas de conclure : « Quand vous demandez une faveur au Ciel, ayez soin d'ajouter toujours : Néanmoins que votre volonté se fasse, ô mon Dieu, mais non la mienne. »

Après ce grave événement, marqué au coin de la bonté divine, la vie au château reprit son aspect ordinaire.

Le berceau n'était jamais vide, les nouveau-nés s'y succédaient, objet des soins empressés de la mère et de la tendresse de tous.

Par quel miracle de dévouement Mme de Courten, au milieu de ses fatigues incessantes

(1) 4 août 1859.

et d'une vigilance active sur sa maison et ses domestiques, trouvait-elle le temps et les forces nécessaires pour s'établir l'institutrice de ses enfants? Elle épiait leurs premiers bégaiements pour leur faire balbutier les noms bénis de Jésus et de Marie. Le moment venu, elle leur apprenait à lire, à réciter de petites fables, elle formait aussi ses filles aux travaux manuels. Les leçons de tricot étaient particulièrement laborieuses; à force de patience et de bonne volonté on devenait habile. L'ingénieuse maman, pour stimuler ses jeunes élèves, établissait des concours auxquels elle-même participait. C'était à qui achèverait le plus vite la tâche déterminée par elle. Elle doublait ou triplait sa propre tâche. Quelle joie et quelle fierté pour celle qui, la première, pouvait s'écrier triomphalement : « J'ai fini! »

Joséphine devançait de beaucoup ses sœurs dans l'art de la couture, et elle devint assez tôt, pour sa mère, une auxiliaire utile. Cette digne mère inspira, dès l'âge le plus tendre, l'amour du travail à ses enfants. « Mieux vaut, disait-elle, défaire et refaire votre ouvrage que de rester oisifs. L'oisiveté est la mère de tous les vices. »

Mais ce que cherchait par-dessus tout Mme de Courten, c'était la formation des âmes que Dieu lui avait confiées. Elle ne manquait pas une occasion d'inculquer à ses enfants, avec une foi profonde, des principes chrétiens.

Pas de morale en tirades ou de longues semonces. Non, elle formait les cœurs tout aimablement, en souriant pour ainsi dire : dans un récit, dans un événement familial, elle glissait, avec tact, la pensée surnaturelle, la parole qui éclaire doucement. Elle leur inspirait la crainte du péché par un mot rapide, mais saisissant, sur l'Enfer; elle leur montrait le Ciel, comme la récompense des actions accomplies pour Dieu, *en état de grâce.* « Faites toujours l'aumône, leur disait-elle, au nom de Notre-Seigneur Jésus-Christ. »

Comment dépeindre le charme des soirées d'hiver, à ce moment indécis, qui n'est plus le jour et qui n'est pas encore la nuit? C'était l'heure des histoires; assise en demi-cercle autour de la narratrice, la petite nichée écoutait, ravie, les contes de Perrault ou autres récits, d'où émanait, tout naturellement, quelque leçon de morale. Parfois, les rondes remplaçaient les histoires ou leur succédaient; car on était assez nombreux pour faire des rondes!

Cependant, ce n'était pas toujours l'heure des rondes et des histoires. Tous ces lutins ne marchaient pas comme un seul homme; l'obéissance laissait parfois à désirer... Et les colères surtout de ce régiment batailleur obligeaient à sévir. Et quand la maman intervenait pour mater l'un ou l'autre plus bouillant, la grande sœur était là qui demandait grâce, pas toujours avec succès. Mme de Courten comprenait trop son devoir, quand il s'agissait du bien de ses enfants. Parfois, la bonne Joséphine exécutait une partie de la pénitence. Quand la plus jeune des filles était prise en flagrant délit d'un méfait, la mère la condamnait à se coucher jusqu'à l'achèvement d'une tâche imposée, grand supplice pour une enfant vive et enjouée. « Fifine », comme on l'appelait familièrement, de nouveau intervenait. Elle se glissait auprès du lit de la coupable et l'aidait dans l'exécution de son travail : tricot ou broderie sur canevas. La mère ignorait ou feignait d'ignorer. Cette affection fraternelle n'était pas pour lui déplaire. Ce qu'elle n'acceptait jamais, c'étaient les rapports. Que l'un de ses enfants vînt lui dire : Un tel a commis une faute, une maladresse, elle le renvoyait d'un mot sec qui ne donnait pas envie de recommencer. Précieuse leçon pour la vie que d'avoir su inspirer cette horreur des rapports.

On le voit, le rôle de Joséphine auprès de ses frères et sœurs était tout d'aimable charité, elle ne se mêlait guère à leurs jeux et s'appliquait à ses devoirs d'écolière.

Une Polonaise. Mlle Dollinger. munie d'un brevet français, avait ouvert une école; Joséphine fut une de ses premières élèves, suivie bientôt par ses sœurs. Docile et travailleuse, elle donnait toute satisfaction à sa maîtresse. Un jour, elle émerveilla M. l'abbé Muller, le vicaire de Sierre, dont elle suivait le catéchisme, en lui récitant l'Evangile de la Passion, en entier. Le fait était unique dans les Annales de la Paroisse.

De plus en plus s'accentuait chez cette adolescente cet esprit sérieux qui la distinguait des jeunes filles de son âge. Elle avait fait pieusement sa première Communion, elle avait reçu des mains de Mgr de Preux, évêque de Sion, le sacrement de Confirmation. Son âme formée à la piété, on peut le dire, dès le berceau, se tournait facilement vers les choses de Dieu.

Et puis, elle se rendait compte que de tristes événements se préparaient. Le front soucieux de son père, les larmes qu'elle surprenait dans les yeux de sa mère lui faisaient pressentir quelque épreuve. Elle parlait peu, la jeune fille sensible, mais elle comprenait tout : certaines conversations entre ses parents, des mots échappés à leurs inquiétudes enfonçaient un glaive douloureux dans son pauvre petit cœur.

En effet, les ressources n'étaient plus en rapport avec les charges qui pesaient sur la famille... Il fallut quitter la vieille maison des aïeux qui passa dans des mains étrangères.

Alors, plus que jamais, Joséphine se blottit auprès de ses tantes, ses marraines de baptême et de confirmation, restées les gardiennes du foyer. Leur part inaliénable leur demeura et fut, jusqu'à la mort de la bonne tante « Toinette », le centre où l'on aimait à revenir vivre les chers souvenirs du passé.

Dans le courant des années 1870-1871 une communauté de Dominicains, chassée de France par la guerre et la Commune, vint s'établir à Géronde, dans un ancien couvent de Chartreux situé sur un plateau enchanteur, aux environs de Sierre. M. de Courten, préfet du district, leur fit bon accueil et il s'établit très vite, entre les Pères et la famille, un courant de sympathie et un échange de bons offices. Les enfants se disputaient l'honneur de porter au Monastère des paniers de légumes et de fruits, envoyés par les tantes.

Les Révérends Pères, de leur côté, ne manquaient pas une occasion de faire preuve de dévouement et de bienveillance.

Fritz fut atteint au genou d'un mal qui inquiétait sa mère. Le bon frère Arbogaste s'établit médecin du jeune malade et le remit parfaitement (1).

Quand la tante Emilie fut atteinte de la longue maladie qui devait la conduire au tombeau, un des Pères venait la confesser; et, le lendemain, il célébrait la messe dans la chapelle du château et communiait la malade.

Ces saints religieux ouvrirent des horizons nouveaux à la piété des braves gens si simples, et d'ailleurs très pratiquants du pays, et, bientôt, leur église devint le rendez-vous des fervents de la contrée. Joséphine subit profondément leur bienfaisante influence, et, tous les dimanches matin, dès l'aube, elle franchissait, avec quelques amies, la bonne heure de

(1) Le frère Arbogaste était Alsacien. Sa sœur vint le voir à Géronde; les demoiselles de Courten l'accueillirent en amie à leur foyer. La vieille maison était des plus hospitalières, l'appartement des tantes possédait une chambre dite « des Chanoines ». Les religieux du Saint-Bernard y logeaient en se rendant au Simplon et vice versa.

marche qui sépare Sierre de Géronde, où elle se confessait, entendait la messe, y recevait la sainte Communion. Rentrée chez elle, après un rapide déjeuner, elle se rendait à la Grand' Messe de la paroisse. L'après-midi, après avoir assisté aux Vèpres, elle reprenait la direction de Géronde, en nombreuse compagnie, cette fois. Tantes, cousines, amies et dévotes gens composaient la pieuse caravane. A l'église du couvent, c'était une nouvelle série d'exercices de dévotion que dominait la récitation du Chapelet commenté du haut de la chaire par un des religieux.

Joséphine puisa, dans cette atmosphère, un amour croissant du saint Rosaire et sa piété se développait avec, malheureusement, une tendance au scrupule. Le scrupule fut bien le tourment de sa vie et ne facilitait pas cette expansion joyeuse et dilatée qu'on aime à rencontrer dans une adolescente.

Est-ce à cette époque qu'elle entra dans le Tiers Ordre de Saint-Dominique? Nous ne saurions l'affirmer : elle gardait ses secrets. Mais elle fut tertiaire, la chose est certaine, sous le patronage de sainte Madeleine « la pécheresse pardonnée » (1), l'Amante passionnée de Jésus.

(1) Père Perroy, *la Montée du Calvaire*.

CHAPITRE III

Jeunesse dans l'Epreuve.

A l'automne de 1872, Mme de Courten résolut de se fixer à Sion qui lui offrait plus de ressources pour l'éducation de ses enfants.

Au mois de mars suivant, naissait un huitième fils, Paul, ainsi nommé en souvenir d'un Père Dominicain.

Joséphine fut marraine. Elle s'attacha de toute son âme à son filleul qui la payait de retour, et sut se faire gâter par elle.

Le moyen de résister à ce petit charmeur aux yeux bleus, aux boucles blondes dont toute la ville admirait la gentillesse. Un jour, une dame interpellait M. de Courten dans la rue : « On dit que vous avez une si jolie fille! » Et le père de répondre, non sans quelque fierté : « C'est un garçon, Madame. » Le vrai charme de cet enfant c'était son âme pure et caressante qui faisait dire à sa mère : « Il a pour moi des tendresses de fille (1). »

(1) Entre sa mère et sa marraine, Paul s'ouvrait facilement à la piété. Sa préparation sérieuse, son attitude recueillie à sa première communion arrachait au caté-

Tandis que son filleul vagissait dans son berceau, Joséphine fréquentait l'Ecole Normale, avec le sérieux, la conscience qu'elle mettait en toutes choses. C'était une élève laborieuse, ponctuelle, très respectueuse de l'autorité.

C'est au cours de ses études que prirent naissance des amitiés plus fortes que la mort. L'une de ses amies célébrait, quelques mois avant la mort de Mère Thérèse-Marie, les noces d'or de cette amitié. Elle épanchait dans une lettre pleine d'émotion tout son bonheur au souvenir des bienfaits de cette inaltérable affection « si désintéressée, si vive, si chrétienne qui lui était une félicité et un soutien ». Elle ajoutait, après le décès de son amie : « Je m'estimerai toujours heureuse et fière d'avoir eu son amitié. »

chiste des écoles cette exclamation : « Qu'il est gentil, ce garçon ! » Un jour, qu'il passait devant la cathédrale avec sa marraine, il enleva son chapeau. « Qui salues-tu? lui demanda sa sœur. — « Le Bon Dieu ». L'enfant se montrait dans cette circonstance le digne émule de son père qui ne passait jamais devant une église sans saluer l'Hôte du Tabernacle.

La grande pénitence de Paul, quand il avait commis quelques fautes, était de se coucher sans avoir embrassé sa mère.

Le Petit Paul n'était pas fait pour les luttes de la vie, et Dieu le prit en pitié.

Sa marraine était au couvent quand il mourut, le 21 janvier 1895, à 22 ans.

« Voilà avec quoi je pars, dit-il en montrant le Crucifix et le chapelet à des amis venus lui donner le dernier adieu. Et il ajouta : « Au revoir, dans le Ciel ». (Extrait d'un journal local).

L'Ecole Normale terminée, les examens du brevet victorieusement subis, l'Etat Valaisan lui confia la direction de la quatrième classe primaire. Elle se mit courageusement à sa tâche. Aimée et appréciée de ses élèves, elle savait les stimuler au travail, et maintenir avec douceur et fermeté la discipline et la marche des études. Elle était peut-être un peu grave et les fillettes de douze ans se seraient volontiers accommodées d'un peu plus d'enjouement; quelques-unes même la trouvaient sévère. Mais elles subissaient l'ascendant de sa vertu; elles estimaient cette jeune maîtresse, pieuse et détachée de tout plaisir frivole, qui ne vivait que pour son devoir. Et, chose à peine croyable chez de si jeunes enfants, elles savaient apprécier son jugement droit et sûr, témoignage que nous n'oserions avancer, si nous ne l'avions recueilli de la bouche même d'une de ses anciennes élèves.

Mlle de Courten se donnait à sa tâche avec tout son dévouement et son savoir-faire, en remplissait les moindres détails avec une minutieuse exactitude, et cette impartialité rigoureuse dans la répartition des notes et des récompenses, si fort prisée de la gent écolière. La consciencieuse maîtresse poussait jusqu'au scrupule cette impartialité. Quand arrivait la fin de l'année scolaire, défiante d'elle-même, elle se faisait aider par une de ses amies dans le calcul des notes pour les places de concours et les prix. Elle craignait jusqu'à l'ombre d'une inexactitude.

Au milieu de ses occupations, elle trouvait du temps à consacrer aux indigents, toujours en compagnie de sa fidèle amie. Toutes deux pénétraient dans les foyers pauvres, réconfortaient la mère par de bonnes paroles, caressaient les enfants et laissaient, en partant, une aumône prélevée sur leur modique traitement. Joséphine était une infirmière précieuse; elle soignait, avec intelligence et succès, les petites indispositions fréquentes dans les familles nombreuses, et sa mère rendra d'elle ce témoignage, après son départ pour le couvent : « Pour les malades, elle était incomparable. »

Rien ne la rebutait dans son besoin d'obliger. Elle s'offrit pour ensevelir la propriétaire de la maison qu'elle habitait, et elle accomplit avec un soin délicat et un sang-froid au-dessus de son âge cette impressionnante besogne.

Nous avons fait allusion à la maturité de son jugement. C'était la note saillante de cette riche nature, qualité qui invitait aux confidences et scellait les amitiés? Telle jeune fille ardente puisait, dans ses avis, la modération, l'équilibre qui remet toute chose en place. Telle autre lui révélait ses rêves d'avenir, ses aspirations vers une vie religieuse plus intense. Sans effort, on lui révélait son âme comme on l'eût fait à un directeur et la sage amie trouvait toujours le mot lumineux qui éclaire, la parole qui ranime le courage. Ses frères recouraient à elle dans leurs petites peines et leurs difficultés : « Elle nous comprenait si bien, déclare l'un d'eux, lorsque, jeunes étudiants, nous étions loin d'être, comme notre sœur aînée, des modèles de sainteté. De quels soins maternels elle nous entourait. »

Un de ses parents, à la conscience timorée, bibliothécaire bénévole d'une association pieuse, s'en rapportait à son jugement sur le choix des lectures qu'il pouvait ou non permettre à ses jeunes abonnées.

Et cette personne, si éclairée pour la conduite des autres, marchait dans la voie enténébrée du scrupule. Ses confessions, qu'elle faisait le matin, immédiatement avant la sainte communion, n'étaient jamais assez intègres, assez complètes. Elle se perdait en redites qui ne la soulageaient pas. Dieu, sans doute, permettait cette anomalie dans cette jeune fille intelligente pour la maintenir dans l'humilité : elle était modeste, ne se faisait jamais valoir. Mais son intime souffrance rejaillissait dans le cercle de la famille : elle était taciturne, au point que sa mère l'adjurait de parler, puisqu'elle avait une langue. Un peu d'entrain eût égayé ce foyer, visité par plus d'un souci. Elle s'occupait beaucoup de son filleul; elle intervenait parfois pour excuser l'un ou l'autre de ses frères sous le poids d'une sanction, car la mère était là, toujours vigilante. Educatrice émérite, elle conduisait chacun de ses fils selon son tempérament et ses tendances morales. Elle savait tour à tour user de la bonté qui s'adresse au cœur ou d'une juste sévérité, selon le conseil de nos

Livres Saints. Elle s'ingéniait, les jours de congé, à les retenir au logis. Pour éviter les longues camaraderies du dehors, elle les conviait, pour quatre heures, à savourer un petit extra.

Chaque soir, M. de Courten faisait faire aux plus jeunes leurs prières; puis, les aînés (pas un ne manquait) récitaient le chapelet en famille. C'était le père qui officiait. Le chapelet terminé, il bénissait dans leurs lits les petits, endormis. Quand, plus tard, les enfants dispersés suivaient chacun sa carrière, il se tournait dans les différentes directions des lieux qu'ils habitaient, et, sur chacun, il traçait le grand geste chrétien, appel des bénédictions divines. Puis, agenouillé au pied de son lit, il se perdait dans des oraisons sans fin. C'était un dévot de la Très Sainte Vierge qu'il ne désignait que par ces termes : « La Bonne Mère. »

Joséphine passait les vacances à Sierre auprès de sa tante Antoinette. C'étaient de beaux mois qui s'écoulaient rapides dans les lieux chers de sa première enfance, au milieu de cette belle contrée que Victor Tissot, dans *La Suisse merveilleuse* qualifie de *Paradis Terrestre*. Elle goûtait toutes les joies des chaudes affections, auprès de cette « vieille fille » incomparable qui n'avait au cœur, après Dieu, qu'un amour, celui de la famille, une fantaisie, les fleurs, qu'elle cultivait avec un soin jaloux. Joséphine retrouvait aussi à Sierre une amie très chère, la rare, peut-être l'unique confidente de son âme à cette époque; elle y rencontrait encore sa cousine, la nièce de son père, de vingt ans plus âgée, mais que la souffrance et des aspirations communes vers l'idéal chrétien « rapprochaient et rendaient dignes l'une de l'autre ».

Pendant la belle saison, M. de Courten organisait parfois, avec les aînés, de grandes courses à travers les Alpes. Joséphine ne manquait pas ces occasions d'arpenter et d'admirer son beau Valais.

Une de ces courses faillit lui devenir fatale : Le petit groupe des touristes s'était engagé dans un étroit sentier rocailleux, au-dessus de La Borgne (1). Joséphine perdit pied et roula dans le torrent, au grand effroi de sa famille. Heureusement, la Borgne, peu abondante à ce moment de l'année, roulait ses eaux dans le milieu de son lit. La chère grande sœur s'arrêta sur le sable et n'eut aucun mal. Encore une fois, la Providence veillait.

Pareil incident ne l'empêchait pas de jouir du charme de ces excursions. Admiratrice de la grandiose nature, elle lisait partout le nom de Dieu inscrit dans ses forêts, ses sites merveilleux, ses montagnes. Les montagnes, comme elle les aimait!... Elle en vivait!... Elle les savait par cœur... Au léger nuage flottant dans un vallon, au brouillard agrippé au flanc d'un coteau, au son lointain des cloches d'un vil-

(1) La Borgne, affluent de gauche du Rhône, prend sa source au glacier de Ferpècle.

lage alpestre, elle indiquait le temps à venir.

Eprise du beau, elle n'acceptait pas pour elle-même la vulgarité : elle aimait la toilette. D'aucuns trouvaient qu'elle l'aimait trop. Elle fera plus tard cet aveu à sa maîtresse du noviciat : « J'aimais à être bien. »

CHAPITRE IV

L'appel divin.

Le 24 mars 1884, à la suite d'un refroidissement gagné à l'adoration devant le tombeau du Jeudi Saint, la bonne tante Antoinette mourait dans sa quatre-vingtième année, paisible et confiante. Elle qui, toute sa vie, avait tremblé à la pensée des jugements divins, disait à ses derniers moments : « Je suis bien contente du Bon Dieu ». Elle avait vraiment passé en faisant le bien.

Ce fut un coup douloureux pour Joséphine. Désormais Sierre ne la verra plus qu'à de rares et courts intervalles.

Aussi bien, devant cette âme mûrie par l'épreuve, assoiffée d'idéal surnaturel, la Providence allait ouvrir une route nouvelle. A travers les luttes et les obscurités du chemin, Jésus la conduisait à la montagne sainte du don complet de soi.

Après la mort de sa tante, sa piété se fit plus ardente, plus assidue. Un combat se livrait dans son âme, elle puisait dans une prière plus instante et prolongée le secours dont elle avait besoin, et c'est à cette heure de lutte intime et de perplexité que des amies, souvent plus jeunes qu'elle, se sentaient d'instinct attirées, plus que jamais, vers cette Joséphine si discrète, si oublieuse d'elle-même qui trouvait pour chacune le mot lumineux et pacifiant.

« Pour moi, écrit l'une d'elles, c'était la « confidente absolue, la conseillère, un Directeur, si l'on peut employer cette expression...

« ... C'était un être de lumière, devinant, « éclairant; son intelligence comprenait tout; « elle avait l'indulgence des grandes âmes, et « un peu de ce don de divination, si rare qu'il « ne se rencontre presque jamais. Là où les « autres ne faisaient que regarder, elle voyait. « Et puis, il émanait d'elle une telle sérénité, « qu'on en était imprégné à son contact...

« ... Au commencement de notre intimité, « ses idées de cloître l'avaient déjà transfor- « mée, elle planait au-dessus des misères et « des petitesses de ce monde... »

Ces lignes nous révèlent la cause de sa souffrance : Joséphine cherchait sa voie. Elle entendait l'appel à une vie supérieure.

Mais elle n'avait pas cru pouvoir imposer une séparation irrévocable à sa tante âgée, dont elle était une des meilleures joies, sinon la meilleure. Le départ de cette chère parente pour le ciel laissait Joséphine libre de suivre ses aspirations. Elle savait qu'elle pourrait compter sur la générosité de ses parents chrétiens : ils ne la disputeraient pas à Dieu.

Mais, où porter ses pas? Quel serait pour elle le Bethléem béni, la Maison du Pain où sa faim d'immolation serait assouvie? Tertiaire dans le monde, elle avait pensé resserrer ses liens par une donation plus complète dans un couvent de Saint-Dominique. A cet effet, au cours d'un voyage d'agrément, elle avait visité une communauté de Dominicaines. Mais ce n'était pas là, elle le comprit, qu'il lui fallait dresser sa tente. A son retour, elle dit à sa mère : « Je sentais comme une force qui me repoussait. »

Elle attendit l'heure de Dieu, elle priait; elle demandait conseil, elle épanchait son âme auprès de son frère Pierre, le cher Marianiste.

Et l'heure de Dieu allait sonner.

De l'année 1884 à 1887, la Mère Marie Saint-Augustin Miremont dirigeait le pensionnat de Mon Séjour, ouvert à Aigle par les Dames de Sainte-Clotilde (1), de Paris. M. le chanoine Abbet (2), curé de la ville de Sion, appréciait cette femme intelligente et de cœur qui avait bien saisi la mentalité valaisanne et les coutumes du pays. Il aimait cette maison de Mon Séjour à la vie familiale et profondément religieuse. Par son intermédiaire, Joséphine de Courten entra en relations avec la Mère supérieure. Et, le 8 février 1886, elle assistait à une des grandes solennités de la congrégation,

(1) Voir la *Société de Sainte-Clotilde : sa fondatrice et son esprit.* Une brochure de 65 pages. Librairie de l'Œuvre de Saint-Augustin à Saint-Maurice (Valais).
(2) Mort évêque de Sion, au mois de juillet 1918.

solennité présidée par M. Abbet. Elle fut conquise... Cet attrait était la réponse du Maître à ses longues supplications. Elle prit une résolution comme elle savait les prendre.

L'entrée au couvent fut décidée pour le mois de juillet suivant : la villégiature des parents et amis « aux mayens » (1) épargnerait ainsi des adieux toujours pénibles.

L'avant-veille de son départ, elle s'était rendue à Sierre saluer une dernière fois ces lieux si chers et des parents aimés, surtout sa cousine Louise. Elle ne souffla mot de la séparation si proche, elle ne fit aucune allusion à l'appel divin qui la sollicitait, afin d'éviter de trop fortes émotions. Grande fut la peine de sa cousine en apprenant la décision irrévocable. Mme de Courten accompagna seule sa fille à la gare; les autres membres de la famille ignoraient son départ.

Mais la pauvre Joséphine comptait sans les vues de la Providence qui voulait une donation généreuse et permettait les déchirements de cœur.

Par suite de circonstances, plus ou moins imprévues, l'arrêt à Aigle se prolongea et Joséphine subit, à Mon Séjour, ce qu'elle aurait voulu éviter : des adieux douloureux et multiples. Son père, ses frères, tous les membres de la famille voulurent la voir et l'embrasser encore. Ce fut chaque fois un sacrifice renou-

(1) Chalets de la Montagne, où les citadins passent l'été.

velé. Dans ces douloureuses circonstances, le divin Maître lui fit trouver dans les conseils de M. le chanoine Fournier (1), alors suppléant de M. le curé d'Aigle, force pour le combat, lumière, apaisement dans ses dernières difficultés. Il comprit sa souffrance et lui prodigua ses bienfaisants avis.

Enfin, elle quitta Aigle. Elle quittait ses chères montagnes au pied desquelles s'abritait tout ce qu'elle chérissait ici-bas... Mais, c'était pour Dieu... Et Dieu, elle l'aimait par-dessus tout.

(1) Chanoine régulier de Saint-Augustin, de l'Abbaye de Saint-Maurice.

Un jour qu'il devait donner le Salut. à Mon Séjour, et y célébrer le lendemain la Sainte Messe, il s'en vint de Saint-Maurice par le chemin des écoliers, à travers les montagnes et il arrivait à Aigle, harassé de fatigue. Sœur Victoire, sur le désir de sa supérieure, Mère Marie Saint-Augustin, prépara un bain de pieds pour le jeune prêtre. Cet acte de bonté l'impressionna vivement. Il se dit : « La charité doit régner dans cette maison, où l'on se montre si compatissant envers un étranger. Si jamais j'ai charge d'âmes, j'enverrai ici des postulantes. » Il tint parole. Vicaire à Salvan, puis curé de Vollèges, il dirigea vers Sainte-Clotilde de nombreuses et ferventes recrues. Il mourut curé de Choex (Valais) en 1914.

CHAPITRE V

Le Noviciat 1886-1889.

Joséphine de Courten fut admise au postulat de Sainte-Clotilde, le 15 août 1886.

Les débuts furent pénibles. Elle quittait famille, amis, patrie, à un âge où l'enthousiasme ne soulève plus d'un élan juvénile qui adoucit l'amertume du calice et auréole le sacrifice. Elle avait 29 ans; elle avait beaucoup souffert déjà. L'aînée d'une nombreuse famille, le commandement lui était familier; le besoin d'indépendance était inné dans cette libre enfant de la libre Helvétie. Et, de sang-froid, dans toute la maturité d'une intelligence réfléchie, elle s'en allait, sans illusion, mais forte de son amour pour Dieu, appuyée sur le secours de sa grâce, elle s'en allait au-devant d'une obéissance absolue, dans la séparation, sans retour, de tout ce qu'elle avait aimé. Son holocauste s'effectuait sans consolation, il n'en était que plus méritoire : il s'accomplissait avec toute la générosité d'un cœur qui se livre, sans réserve, aux impulsions de la grâce.

On reçut avec joie cette première postulante suisse, que devait suivre de nombreuses compatriotes. Pour le moment, elle était seule : pas une payse. Et, pour suppléer aux sites grandioses de « son beau Valais », les fenêtres hautes du noviciat lui ménageaient avec parcimonie un coin du ciel parisien. Mais elle n'était pas de ceux qui « regardent en arrière, après avoir mis la main à la charrue ». Sans hésiter, elle travailla son âme avec énergie, par la pratique intégrale de la règle.

« Quand elle entra, comme postulante, un peu tard, dit une de ses compagnes, je m'aperçus que c'était déjà une femme faite, d'un jugement droit, d'un esprit religieux très développé, d'une humilité déjà si parfaite que j'en étais émerveillée. »

« Lorsque je suis arrivée, écrit une autre, elle m'a frappée par son air calme et recueilli. Sa régularité était exemplaire; mes rapports avec elle ont toujours été d'aimable charité. »

Toutefois, la chère postulante ne se dilatait pas. Elle ne refusait rien à Jésus. Mais Jésus demeurait voilé. Il se plaisait dans la générosité de son humble servante et acceptait le don total qu'elle lui faisait de tout son être. Mais, pendant qu'elle pleurait, l'époux divin semblait dormir. Car elle pleurait souvent; ses larmes coulaient surtout aux pieds de Jésus Hostie. Elle l'avouait plus tard : « Sans le Tabernacle je n'aurais pas tenu. »

Ses lettres à une amie intime C. B. soulevaient quelque peu le voile de sa souffrance.

Elles étaient liées dès leur enfance et s'étaient toujours communiqué leurs impressions. Aussi Joséphine laissait parler son cœur quand elle écrivait à son amie. Et, devant ses épanchements douloureux, sa mère se demandait, non sans quelque inquiétude, si sa fille jouirait jamais ici-bas de la paix promise aux âmes de bonne volonté. Dans sa foi robuste, M. de Courten déclara que c'était bien : « Elle souffre, c'est bon signe, elle persévérera. »

La paix toutefois devait venir, après la victoire chèrement achetée par une lutte persévérante. Dès lors, la sérénité de son visage, « son sourire discret, accueillant », marquaient la douce empreinte de Jésus dans son âme désormais pacifiée. Le temps du postulat écoulé, sœur Joséphine prit l'habit le 25 mars 1887 et reçut le nom de Thérèse-Marie par affection pour sa mère. Dans l'examen canonique qui précède la vêture, elle parlait de son pays avec un tel enthousiasme, que M. le grand vicaire Pelgé (1) lui demanda : « Mais enfin, ma fille, pensez-vous que le ciel soit plus beau que la Suisse? — Oh! oui, mon Père, sans cela je ne l'aurais pas quittée pour venir ici! » M. l'abbé Demangeon, assistant du Révérend Père Simler, supérieur général des Marianistes, présida la cérémonie, et prononça l'allocution d'usage « à la satisfaction de tous », lisons-nous dans les annales du couvent.

Mieux initiée à l'esprit de la congrégation,

(1) Décédé évêque de Poitiers, le 31 mai 1911.

sœur Thérèse-Marie devint vraiment, au témoignage de ses contemporaines, une règle vivante. Elle saisit très vite l'importance des moindres prescriptions, car elle était animée de l'esprit de foi, qui fait de la vie religieuse une immolation incessante.

Dans la matinée, les travaux de ménage terminés, revenue à sa place, on la voyait se recueillir profondément. Nul doute, elle faisait son premier retour sur elle-même (1).

Il faut aux nouvelles arrivées bien du temps pour contracter l'habitude de ce fructueux exercice. Mais pour sœur Thérèse-Marie, connaître un point de la règle et l'observer, c'était tout un. L'humiliation généreusement acceptée brisait sa fierté native; et elle se donnait avec entrain, avec joie même aux travaux les plus bas. « Nous avons fait des nettoyages qui mettent la nature à sa place », écrivait-elle à sa sœur. A toute observation, que Mère Marie-Anna ne lui ménageait pas, raconte la novice déjà citée, elle répondait : « Merci, ma Mère, j'y ferai attention », avec un tel accent de conviction, un tel calme, qu'on sentait une personne habituée à se vaincre. »

Dans les conférences où se pratique la coulpe, elle s'accusait avec une profonde conviction de sa misère; elle le faisait parfois

(1) La règle invite les religieuses, trois fois par jour, en dehors des deux examens, « à se recueillir très attentivement sous les yeux du Seigneur pour voir, d'un coup d'œil rapide, leurs manquements, en demander pardon et renouveler à Dieu l'offrande de leurs actions.

avec une telle exagération que la Mère maîtresse l'arrêtait par ces mots : « Ce n'est pas vrai ». Ou bien encore : « Vous viendrez m'expliquer cela en particulier ». Tout lui devenait matière de lutte et occasion de s'humilier. Nullement musicienne, elle ignorait le diapason et saisissait difficilement le ton de la psalmodie. De là, reproches sans fin qu'elle s'adressait, accusations réitérées de troubler la récitation de l'Office au chœur. Ce lui était un sujet de peine très sensible.

Mortifiée en tout, elle ne se plaignait jamais; le froid, le chaud, les privations, tout lui semblait indifférent. Si sa santé exigeait quelques ménagements, elle savait prendre sa revanche.

Elle n'avait pu, à cause de ses fréquentes migraines, supporter la soupe du petit déjeuner. Les supérieures, pour lui épargner des maux de tête, l'obligèrent à prendre du café. Elle se dédommageait de cette dérogation à l'usage commun. Un jour qu'elle était en retard, on se disposait à la servir : « N'en faites rien, commanda Mère Marie-Anna, car je ne sais trop ce qu'elle met dans son café ». En effet, on ne savait trop de quel ingrédient elle l'assaisonnait à la dérobée.

Aux récréations, elle se mêlait de préférence avec les sœurs coadjutrices, s'intéressait à tout ce qui les concernait et les édifiait par son aimable simplicité. L'une d'entre elles eut au doigt un mauvais mal; ce fut pour sœur Thérèse-Marie une occasion d'exercer son talent d'infirmière. Elle obtint la permission de soigner ce pauvre pouce et le remit complètement.

Mère Marie-Anna, peu prodigue en compliments, l'avait en particulière estime. Elle confiait à une novice : « Quand on rencontre une âme de cette espèce, il faut remercier Dieu... Elle sera partout à sa place! » Elle écrivait à Aigle : « Nous sommes très contentes de notre postulante... Envoyez-en beau coup de cette trempe ». Le confesseur de la maison, lui-même, disait : « Marchons sur ses traces. »

Ainsi travaillée, préparée par un fervent noviciat, elle fut admise à prononcer les vœux temporaires, le 25 mai 1889, présidés encore par M. l'abbé Demangeon.

A la même date, une sœur prenait l'habit; elles firent ensemble leur retraite. Mère Marie-Anna, après des encouragements donnés à la postulante, ajoutait : « Et puis, vous avez les prières de cette bonne sœur Thérèse-Marie, qui aime tant Notre-Seigneur. »

On jugea inutile de lui rappeler l'usage de demander pardon avant de quitter le noviciat. Pendant ses deux années de formation, elle n'avait été pour ses compagnes qu'un sujet d'édification, un stimulant vers le bien.

CHAPITRE VI

L'Aspirante (1) 1889-1892 et Profession définitive en 1892-1896.

Après ses premiers vœux, sœur Thérèse-Marie fut dirigée sur la maison d'Hyères. Elle n'y demeura que quelques mois, et laissa, de son court passage, le souvenir édifiant de sa piété, de sa régularité et de sa mortification. On l'avait placée au réfectoire vis-à-vis des petites « Roses ». Pendant un repas, une des enfants, prise d'un mal de cœur subit, rendit son dîner, l'éclaboussant de tous côtés. Chacune de se garer et de prendre les précautions commandées en pareille circonstance. Sœur Thérèse-Marie, à proximité de l'accident, garda son assiette et acheva son repas, à la grande édification, nous allions dire à la stupéfaction de ses compagnes.

En mai 1890, elle rentrait à la rue de Reuilly et fut donnée comme aide à l'économe géné-

(1) On donne le nom d'Aspirante à la religieuse liée par des vœux temporaires renouvelés pendant trois ans, jusqu'à la profession définitive.

rale, charge délicate qu'elle remplit avec une abnégation absolue et un dévouement complet. Elle se prêtait humblement à toutes les corvées, s'effaçait toujours, docile aux moindres directions de l'économe en chef. Son activité intelligente et soumise en faisait une auxiliaire précieuse. La voyant aller et venir indifférente à toute fatigue, toujours égale à elle-même, Mère Marie-Anna disait : « En voilà une qui ne perd pas son temps! Elle en fera du travail! »

Dans ce modeste labeur, de plus en plus unie à Dieu et livrée à son Amour, elle se disposait à sa profession définitive, et elle prononça ses vœux perpétuels le 25 mai 1892.

Telles étaient ses ferventes dispositions et celles de ses deux compagnes qu'une religieuse, qui s'était confessée après elles, ne put retenir cette exclamation, au sortir du confessionnal : « Quelles saintes âmes! Le Père en est tout embaumé! » La Providence lui ménagea, cette année même de la profession, une douce joie.

La Mère Saint-Vincent-de-Paul Bailly (1), par une attention des plus délicates, résolut de donner à la famille de Courten la consolation de revoir leurs deux religieuses (2). Les deux sœurs, parties de leur maison respective, Paris et Hyères, devaient, à l'insu l'une de

(1) Cinquième Supérieure Générale de la Congrégation de 1886 à 1901.

(2) La plus jeune sœur de Joséphine l'avait rejointe au Noviciat, au mois d'octobre 1887.

l'autre, se rencontrer à Mon Séjour pour les vacances. La sœur Marie-Frédéric arriva la première. Une ombre troublait son bonheur, n'avoir pas auprès d'elle sa chère aînée. Un jour, pendant le dîner, la porte du réfectoire s'ouvrit et livra passage à la Mère Thérèse-Marie : « Oh! ma sœur! » Ce cri de joyeuse surprise s'échappa de ses lèvres en apercevant sa cadette, tandis que celle-ci, dans un mouvement d'émotion indicible, tombe à genoux, disant au ciel sa reconnaissance : « Merci, mon Dieu, merci. »

Ce furent de radieuses vacances pour la famille entière. On en profita largement, selon le bon plaisir divin et les vues de l'obéissance. Mère Thérèse-Marie fut pour les personnes du monde qui l'approchèrent et pour la communauté ce qu'elle était partout, un sujet d'édification par son esprit religieux, sa piété vraie, son cœur toujours aimant. La pleine lumière avait dissipé les ombres d'autrefois : son âme planait dans le surnaturel.

Un jour que le prêtre manquait à Aigle pour la célébration de la sainte messe, elle s'en fut, à pied, avec une autre religieuse, l'entendre à Monthey. Un petit panier noir rustique contenait des provisions de route... Quand elle rentra le soir, elle fit à sa sœur cette réflexion : « Qui m'aurait dit, il y a quelques années, que je traverserais Monthey avec ce pauvre panier au bras! » L'élégante Joséphine de Courten était bien morte. Sur les ruines du vieil homme se façonnait lentement, dans une lutte obscure et laborieuse, sœur Thérèse-Marie, la petite servante du Seigneur.

Rentrée à Paris, elle reprit ses fonctions auprès de la Mère économe, plus que jamais unie à Jésus, qu'elle avait choisi pour partage. Elle ne songeait qu'à le servir dans l'obscurité d'une vie commune, relevée, sanctifiée par un grand esprit de foi. Quelques mois après les douces rencontres de l'été, l'épreuve venait plonger les cœurs dans une douloureuse anxiété. Au mois d'avril 1893, de mauvaises nouvelles venues de Sion voilèrent de tristesse les vacances de Pâques. M. de Courten atteint de pneumonie était au plus mal. Malgré des fièvres intermittentes, il avait tenu à jeûner le vendredi saint. Peu de jour après, il était administré. Son fils Pierre était accouru, tremblant de recevoir son dernier soupir. Mère Thérèse-Marie, profondément affligée, écrivait à sa sœur : « Je pleurerai toute ma vie un si bon père. »

Mais le mal passa sans consommer son œuvre. Dieu réservait à son fidèle serviteur une suprême consolation. Il devait, avant de mourir, entonner son *Nunc dimittis*.

En effet, en cette année 1893, l'abbé Pierre allait franchir les derniers degrés du sanctuaire. Dans cette grâce divine, la part de Mère Thérèse-Marie fut toute de sacrifice. Son frère devait être ordonné, le 10 septembre, par Mgr Potron, évêque titulaire de Jéricho, dans la chapelle du collège Stanislas. Il avait espéré voir sa sœur à son ordination; lui-même en avait adressé la demande à la Mère Saint-Louis de Gonzague, supérieure de la maison de Paris. En attendant l'autorisation de la Mère générale, alors à Hyères, sa sœur lui écrit : « Quelle émotion s'empare de mon âme, à la pensée de votre prochaine ordination. Quand je vous reverrai, vous serez prêtre, vos mains consacrées donneront Jésus aux hommes; votre parole toute-puissante fera naître sur l'autel le désiré des nations; les âmes troublées par le souvenir de leurs fautes trouveront en vous la réconciliation dont elles ont besoin pour recouvrer la paix. Votre vie de dévouement à la jeunesse rend votre ministère deux fois sacré; comme les apôtres au milieu des peuples infidèles, vous êtes la lumière du monde : mission sainte et sublime. Aucune dignité humaine ne peut être comparée à celle du prêtre. Votre gloire laisse loin derrière elle toutes celles de nos brillants capitaines (1). Qu'a-t-il emporté au delà de la tombe, ce beau général que tout Paris admirait (2) ? Vous, vous passez inaperçu au milieu de la foule, mais les anges de Dieu ont le regard fixé sur vous et ils recueillent tous vos

(1) Allusion aux officiers qui commandaient le régiment de Courten, au service de la France.

(2) Le comte Maurice, 1692-1766, que des liens de famille unissaient au Ministre de Choiseul: colonel du régiment de son nom, fit la campagne de Bohême, puis celle du Rhin, en 1745. Il remplit avec succès plusieurs missions diplomatiques. Il mourut célibataire en 1766 et fut enterré dans l'église de Saint-Eustache. Avec lui s'était éteinte la branche de Courten de Paris.

actes pour les présenter à Jésus. Priez beaucoup pour la famille, pour nos chers parents qui ont tant souffert, pour vos sœurs, pour vos frères, tellement exposés au milieu du monde; obtenez à tous le ciel : il faut là-haut une famille complète; priez pour moi, pauvre âme, et bientôt vous joindrez à vos prières votre bénédiction. »

La réponse d'Hyères ne fut pas favorable; Mère Thérèse-Marie en informe son frère.

« ... Jésus nous demande un sacrifice; comme il n'atteint que nous deux, faisons-le généreusement pour le plus grand bien de votre âme et comme reconnaissance.

« Notre Mère supérieure générale ne peut pas me permettre d'assister à une cérémonie qui nécessite une sortie, notre Mère supérieure générale si bonne, si maternelle (elle nous l'a bien prouvé dans notre voyage, l'été dernier (1), notre Mère m'aurait accordé cette permission avec plaisir, si elle l'avait pu; ne nous faisons pas de peine pour ce sacrifice, le Sauveur nous en tiendra compte.

« Mlle Sophie (2) ira à votre ordination, elle sera reçue comme je l'eusse été moi-même, et elle me parlera de votre belle cérémonie.

« Dieu soit avec vous, mon cher ami, pour vous combler de ses dons et vous sanctifier de plus en plus. Dans quelques heures vous allez devenir le représentant du Sauveur, le dispen-

(1) Les vacances à Aigle.
(2) Une sœur agrégée.

sateur de ses dons aux hommes; votre souvenir est toujours présent à mon âme; rendez-moi largement mes pauvres prières; les vôtres toutes-puissantes sur le cœur du Seigneur me sont bien nécessaires, j'y compte. Merci. »

Le 14 septembre, « la grande sœur » s'unissait de cœur et d'âme à la fête unique dans la famille de la première messe de son frère. Une couronne de parents assistait à l'autel le nouveau prêtre.

Guillaume de Courten, chanoine régulier de Saint-Augustin à l'abbaye de Saint-Maurice, remplissait l'office de diacre; dom Sigismond de Courten, bénédictin de Notre-Dame-des-Ermites, était sous-diacre; François de Courten, alors séminariste, aujourd'hui chanoine de la cathédrale de Sion, assumait avec piété les fonctions de maître des cérémonies. Tous trois étaient fils d'anciens officiers aux armées pontificales. Dans sa solitude de la rue de Reuilly, Mère Thérèse-Marie, après avoir rendu grâce à Dieu, auteur de tout bien, bénissait le directeur des Marianistes qui avait organisé les choses avec tant de délicatesse. Comme elle l'avait écrit à son frère : « M. Lamon (1) seul au monde a pu former un quatuor comme celui de jeudi. »

Vers cette époque, la Mère Saint-Vincent-de-Paul, qu'une santé précaire condamnait à beaucoup de ménagements, prit sœur Thé-

(1) Lettre du 8 novembre 1893 — Directeur des Marianistes à Sion. Décédé à Pallanza, le 9 octobre 1907.

rèse-Marie comme secrétaire particulière. Elle trouva dans la jeune professe, en même temps qu'une secrétaire, une infirmière intelligente qui veillait sur elle avec un dévouement filial de toutes les heures. Mère Thérèse-Marie, en dehors de la correspondance à la Mère générale, tenait la congrégation entière au courant des événements de la chère maison de Reuilly, dans des lettres intéressantes et pleines de cœur. En raison de sa charge, elle accompagnait la Mère supérieure dans ses visites aux différentes communautés de la Société. Partout et toujours, elle se montrait bonne, discrète et recueillie.

Elle eut ainsi plusieurs fois l'occasion de retourner à Aigle. Depuis sa grave maladie du printemps 1893, compliquée d'infirmités, M. de Courten n'était plus en état de voyager... Sa fille aurait pu facilement, sans manquer aux règles, obtenir l'autorisation d'aller le voir chez lui. Elle préféra s'abstenir. Elle fit plus; elle pria la Mère Saint-Vincent-de-Paul de ne pas l'emmener avec elle au cas où ses affaires l'appelleraient à Sion. Elle ne laissait échapper aucune occasion de s'immoler.

Le 20 octobre 1895, M. de Courten rendait pieusement son âme à Dieu, sans avoir revu sa fille. Elle pleura ce père aimant, « ce grand chrétien », comme elle l'écrivait à son frère, que les épreuves ont sanctifié. Et elle s'unissait étroitement au deuil de sa famille : « J'aime les miens, et ma pensée le jour et la nuit se transporte vers le pays où souffrent ceux que nous avons quittés (1). »

Dans une de ses visites régulières, la Mère générale, voyant la pénurie du personnel dans l'externat de Toulon, y laissa comme secours sa secrétaire.

(1) Lettre du 25 novembre 1895.

CHAPITRE VII

Le demi-pensionnat de Toulon, 1896-1901. Le retour à la rue de Reuilly 1901-1905.

Le demi-pensionnat de Toulon était trop à l'étroit dans la villa « Mon Repos » où il s'était ouvert en 1891. On l'installa dans un spacieux bâtiment neuf, au faubourg de Saint-Jean-du-Var. Mère Thérèse-Marie devait passer, dans cette maison, cinq années, les plus heureuses de sa vie religieuse. La gracieuse chapelle faisait toute sa joie : on y priait si bien; elle y goûtait suavement le charme des fêtes religieuses. Un soir du 16 août, anniversaire de l'érection de la congrégation, au sortir du salut, Mère Thérèse-Marie, tout émue, dit à ses sœurs : « Je me suis crue au paradis. Vous avez si bien chanté! »

Elle se donna sans compter dans les diverses fonctions qu'elle cumula : Economat, dépense, infirmerie, direction des sœurs auxiliaires. Sans regarder à sa peine, « la main au travail, le cœur à Dieu », elle menait tout de front avec aisance et succès. « Quel dévouement, quelle activité, quel esprit de foi elle apportait à ses charges », écrit une contemporaine. On prétend toutefois que son zèle pour les intérêts de la maison allait au point de laisser les religieuses manquer de lumière, le matin à la méditation, au risque de les exposer à faire l'oraison de Saint-Pierre.

Ce n'était pas sans motif que la prudente économe gérait minutieusement les dépenses : la caisse était parfois légère. Un jour, le cœur angoissé, elle dit à la communauté : « J'ai beau fouiller tous mes fonds de tiroir, je n'y trouve rien. Et tout à l'heure le cordonnier doit venir toucher sa note, je suis désolée; quel chagrin s'il me faut renvoyer sans le payer ce pauvre père de famille. Priez avec moi! » Quelques minutes s'étaient à peine écoulées qu'une maman, sur laquelle on ne comptait pas, vint régler la pension de sa fille! Et le brave cordonnier s'en retourna content. Peu soucieuse de ce qui flatte la nature, elle s'étonnait que l'on pût trouver quelque satisfaction dans une nourriture plus ou moins délicate. Elle déclarait que c'était « mettre ses délices bien bas ».

Plus tard, avec l'expérience et l'effort, sa vertu s'adoucit : elle savait, à l'exemple de saints personnages, M. Olier, par exemple, égayer un jour de fête, un anniversaire par un menu plus relevé.

Nous aurons l'occasion de revenir sur la charge d'infirmière où elle débutait à Toulon et qu'elle devait remplir, durant de longues années, « avec une si entière compétence, un dévouement délicat jamais en défaut ». Elle prodiguait ses soins avec une véritable tendresse que ne soupçonnaient pas ceux qui s'arrêtaient à ses dehors un peu froids. « Malade pendant trois ans, raconte une sœur auxiliaire, Mère Thérèse-Marie venait presque à toutes les heures s'informer de mes besoins et cherchait à me soulager. J'en étais confuse et ne savais comment la remercier. »

Elle affectionnait ses chères auxiliaires qui, de leur côté, appréciaient cette Mère si surnaturelle, à la vertu profonde. « Ses conférences, dit l'une d'entre elles, étaient incomparables... Ses directions, à la retraite du mois, singulièrement lumineuses, énergiques, tempérées d'une grande bonté, qui relevait les courages et ranimait les pusillanimes. Deux aspirantes, objet particulier de sa sollicitude, goûtaient fort ses entretiens spirituels. »

Toutefois, avouons-le, une ombre voilait les qualités de Mère Thérèse-Marie : sa gravité constante, son peu d'inclination à la plaisanterie gênaient, pendant les récréations, l'expansion, les joyeusetés de bon aloi nécessaires à ces bonnes sœurs auxiliaires, dans leurs incessants travaux, car on travaillait ferme à Toulon : le personnel faisait défaut. Cependant c'était avec une réelle satisfaction que « la maîtresse des sœurs » les voyait, par une belle journée de vacances, escalader le Mont Faron, ou arpenter quelque route solitaire pour refaire leurs forces, heureuses d'une détente bien méritée. C'est pendant son séjour à Toulon qu'une terrible épreuve visita la famille et retentit douloureusement dans son cœur.

Le 22 février 1902, son frère Fritz, dans sa trente-septième année, était ravi à sa femme et à ses six enfants. Comme tous ceux des siens qui l'avaient précédé dans un monde meilleur, il s'en était allé réconforté par le viatique suprême et tous les secours de la religion, reçus dans des sentiments admirables de foi et de résignation.

Mère Thérèse-Marie, atterée, déverse auprès de l'abbé Pierre son immense douleur.

Toulon, 2 mars 1901.

Mon bien cher frère,

« Quelle épreuve! Mon Dieu, que votre volonté soit faite, mais qu'elle est dure à la nature. Notre cher Fritz, ce père de famille modèle, cet époux affectueux, bon, dévoué, ce fils si attaché à sa mère, pourquoi faut-il que la mort l'ait frappé ainsi à la force de l'âge, au moment où il avait acquis cette expérience de la vie qui rend un homme vraiment utile à sa famille et à la société! Les desseins de Dieu sont impénétrables : Il faut les adorer dans l'obscurité du mystère, en attendant l'heure de la lumière, au sein de la gloire.

« Pauvre maman, pauvre mère. aucune douleur ne lui a été épargnée : elle a bu la lie amère contenue au fond du calice... Elle est forte et courageuse, notre vaillante mère; mais qu'elle souffre et que nous souffrons avec elle. J'ai beaucoup souffert dans ma vie, mais tout le passé disparaît devant le cadavre d'un homme dans la force de l'âge, à côté duquel pleure, agenouillée, une jeune femme et sanglotent de petits enfants... Les chers enfants... ces enfants de notre race... »

Plus de vingt ans après la mort de ce jeune père de famille, un religieux, camarade d'enfance du cher défunt, rendait de lui ce témoignage ému : « Mon cher Fritz avait une grande influence sur moi; et quoique ce fût inconscient de sa part, il me dirigeait à son gré; et c'était pour le mieux, car c'était un jeune homme accompli qui ne tolérait jamais en sa présence une parole légère : c'est que Mme Marie-Thérèse de Courten de Lavallaz le tenait éloigné des fils des libéraux. »

B... Marianiste.

Au mois de septembre suivant, Mère Thérèse-Marie fut rappelée à la rue de Reuilly. La nouvelle obédience ne s'accomplit pas sans déchirement; on le comprit à une réflexion, que plusieurs années plus tard elle laissait échapper. Le départ de Toulon m'a été si pénible que, depuis lors, tous les changements m'ont paru faciles. A Paris, l'infirmerie avec une nombreuse communauté et les élèves réclamaient tout son temps. Elle se donna tout entière au soin de ses malades. Bonne, compatissante pour chacune, elle se faisait toute à tous : redevenue enfant avec les enfants, elle savait les distraire, leur adoucir l'éloignement du foyer paternel; elle les soignait avec l'affection d'une mère.

On ne faisait jamais en vain appel à sa charitable intervention : « je souffrais beaucoup d'une carie de dents précoce, raconte une religieuse. Un jour, à bout de forces, pendant un salut du Saint-Sacrement, j'avais conjuré le divin Maître de me faire rencontrer un bon Samaritain. Va trouver ma sœur Thérèse-Marie, semble me dire Notre-Seigneur, et tu auras le remède qu'il te faut. J'allai donc la trouver et lui raconter ma détresse. D'ailleurs, elle avait entendu, elle-même, déclarer que le cas était grave et qu'il fallait en venir à une extraction presque complète de toutes les dents. La bonne chère sœur me voyant si déprimée, et depuis si longtemps, mit tout en œuvre pour me soulager. Avec l'autorisation compatissante de notre chère supérieure générale, on prit les mesures nécessaires : la pauvre mâchoire fut remise à neuf ».

Au début du mois de juin 1902, une dépêche appelait mère Thérèse-Marie auprès de sa mère mourante. A son arrivée, le 6 juin, à midi, la bien-aimée malade avait reçu, avec ferveur et abandon au bon vouloir divin, les derniers sacrements. Ses enfants réunis l'entouraient de leur filiale et respectueuse affection.

Quand elle vit, à son chevet, les trois privilégiés consacrés au Seigneur, Mme de Courten émue et reconnaissante exprima sa joie :

« Que Dieu est bon de vous avoir amenés tous les trois. » — « Le Bon Dieu, reprit une de ses filles religieuses, ne se laisse pas vaincre en générosité. Vous lui avez donné, sans hésiter, vos enfants, il vous les renvoie à cette heure. » Cependant, la malade semblait mieux. Etait-ce la joie? Ou bien plutôt, cette accalmie si souvent constatée à l'approche des derniers moments, et que le vulgaire désigne d'une cruelle antithèse : le mieux de la mort? Elle conservait toute sa connaissance, suivait les prières des agonisants, souvent renouvelées, et souriait d'un sourire ineffable qui n'était plus de la terre. Avec une entière lucidité d'esprit, elle demeurait la mère aimante, la maîtresse de maison intelligente; elle songeait à tout, dirigeait tout encore de son lit.

Tout à coup, vers 4 heures, le regard attaché sur le Crucifix. suspendu au-dessus de son lit, elle pousse un cri : « Mon Père! » Et, dans cet appel d'une suprême confiance, elle remettait entre les mains de Dieu sa longue vie de labeur, de souffrance et de prière. C'était le 6 juin, premier vendredi du mois, en la fête du Sacré-Cœur de Jésus que Mme de Courten avait honoré d'un culte particulier. La veille, elle avait reçu des mains de son fils la Sainte Communion. Les devoirs de piété filiale accomplis, Mère Thérèse-Marie rentra promptement à la rue de Reuilly et reprit sa tâche d'infirmière avec un redoublement de zèle et d'affection, le cœur plein du souvenir de la mère qu'elle avait aimée autant que vénérée.

Elle parlait peu de sa peine, ne se répandait pas en confidences. Quand la coupe débordait, elle se réfugiait auprès du Tabernacle, et là, aux pieds de Jésus-Hostie, elle donnait libre cours à ses larmes. Frappée de ce profond chagrin, une religieuse lui dit : « Comme votre mère devait être bonne, pour que vous la pleuriez ainsi. » Bonne! elle l'avait été cette vaillante chrétienne, au cœur à la fois tendre et fort. Elle aimait les siens, elle aimait les pauvres; elle les soulageait avec cette délicatesse de procédés qui double le bienfait. Un 15 octobre, fête de sainte Thérèse, elle se rend chargée d'un lourd panier auprès d'une noble famille tombée dans l'indigence. Elle entre, toute souriante, dans la modeste demeure : « Tenez, Madame, dit-elle en déposant le fardeau, c'est aujourd'hui *ma fête,* je vous apporte un panier de pommes de terre. » Cette mère de famille profondément touchée raconta elle-même le fait.

Charitable dans ses procédés, elle l'était aussi dans ses paroles. Auprès d'elle on ne médisait pas. Elle rendait service à qui l'avait peinée ou lésée. Dans une mission, à la suite d'un sermon sur l'amour des ennemis, elle dit à sa fille Marie : « Tu as entendu; tu vois qu'il faut pardonner! » — « C'est bon pour vous qui êtes une sainte! » réplique la pauvre enfant qui souffrait moins pour elle que pour sa mère. D'ailleurs, ne jugeons pas la fille sur cette parole de vivacité; elle eût été la première à voler au secours d'un ennemi en péril ou dans la peine. La vertu de Mme de Courten plongeait ses racines dans une foi très vive, qu'exprimait d'un mot une de ses amies : « Votre mère ne croit pas simplement aux vérité de l'au-delà, elle les voit. » De là, vis-à-vis de Dieu et de ses ministres, une simplicité d'enfant. Une de ses filles, dans ses derniers jours, remerciait M. le chanoine B... de son dévouement dans la direction spirituelle de sa mère : « Oh! c'était volontiers que je m'occupais de cette âme, elle était si docile! » Quel éloge; il se passe de commentaire.

Mais le meilleur témoignage à la louange de cette chrétienne, n'est-ce pas l'affection que lui avaient vouée ses belles-filles. « J'aimais beaucoup votre mère, je l'admirais », affirmait l'une d'elles. Cette digression ne nous éloigne pas de notre sujet, elle jette une vive lumière sur les qualités de Mère Thérèse-Marie. « De sa mère, douce et ferme, courageuse et vaillante, dit *l'Echo de la Tour* (1), elle avait appris l'amour du devoir, de la volonté de Dieu; et, grâce à elle, contracté l'habitude de ne jamais perdre son temps. » Ajoutons : et l'art délicat de donner sans froisser, et de faire le bien sans bruit.

Après la mort de sa mère, sœur Thérèse-Marie marcha plus résolument que jamais dans la voie du renoncement. Dieu l'éclairait sur son néant et son impuissance; et, fidèle à la grâce, elle se considérait comme la moin-

(1) N° 49, août 1928.

dre de toutes, incapable et sans vertu. Malgré l'aridité du chemin, malgré les luttes intimes, la sérénité de ses traits, une expression de paix émanée de sa personne frappaient ceux qui l'approchaient. Les décrets de 1903 et 1904 contre les congrégations religieuses la trouvèrent dans ses modestes fonctions de garde-malades. On ignorait la manière dont s'y prendraient les spoliateurs. Ne s'attaqueraient-ils qu'aux immeubles? Iraient-ils plus loin dans leur vol sacrilège? Pour plus de sûreté, on crut prudent, dès les premières menaces, de mettre à l'abri, voire même de vendre les objets de valeur : meubles, œuvres d'art, etc... Le tout, entassé dans des caisses, était emporté au loin : c'étaient des heures navrantes à traverser.

La fermeture des maisons d'Hyères et de Toulon, le 28 décembre 1903, avait blessé son cœur. Au mois de juillet 1904, parurent à l'*Officiel* un nombre incalculable de congrégations interdites, de par la loi, et chassées de leurs couvents. Ce fut alors la dispersion. Mère Marie-Thérèse demeura à la rue de Reuilly, attachée au soin des malades et des vieillards incapables de se suffire à eux-mêmes, à qui l'Etat octroyait, avec une mince pension, l'autorisation d'occuper une partie des bâtiments, jusqu'à l'extinction de la dernière pensionnée.

Quel changement dans cet enclos jusque-là si animé, si plein de vie. Le silence régnait dans le vaste jardin, témoin pendant de longues années des joyeux ébats des enfants...

Dans la Chapelle, plus de solennités, plus de ces belles fêtes liturgiques qui donnaient tant de joie aux cœurs et ranimaient les âmes... Pour Mère Thérèse-Marie, comme pour toutes, l'épreuve était cruelle : elle se dévoua plus généreusement à ses malades, se livra d'une volonté énergique à l'action de la grâce. Sa piété se fortifiait dans cette solitude, où rien, pour ainsi dire, ne la distrayait de la pensée de Dieu. Au mois d'août 1905, nous la trouvons à Ecaussines d'Henghien, en Belgique. A la menace des exécutions combistes, la congrégation de Sainte-Clotilde y avait ouvert un refuge. Là, se mourait de la poitrine, à 37 ans, sœur Marie Saint-Maurice de Cocatrix, une compatriote et parente de Mère Thérèse-Marie. L'infatigable infirmière s'installa au chevet de la malade; et, sans crainte de la contagion, ne la quitta ni jour ni nuit. Ce fut pour toutes deux une ineffable consolation que cette rencontre suprême. La mourante sourit à sa garde-malade compatissante qui lui ferma les yeux, le 30 août 1905, en la fête de Sainte Rose de Lima. « C'est une belle fleur que sainte Clotilde envoie aujourd'hui en paradis », aimait à dire M. le curé d'Ecaussine, après le décès de cette pauvre enfant.

CHAPITRE VIII

L'Institut de la Tour 1905-1928
Econome-Infirmière.

Au mois d'octobre 1905, Mère Thérèse-Marie entra en qualité d'économe et d'infirmière à l'Institut de la Tour, dirigé par Mlle Thérèse Duriez. Ancienne élève de Sainte-Clotilde, cette éducatrice émérite était secondée par des auxiliaires d'une réelle valeur. Guidée, soutenue dans sa tâche par une amie sage et dévouée, ancienne élève également de Sainte-Clotilde, Mlle Marthe B..., Mlle Duriez sut pénétrer son pensionnat de l'esprit puisé à l'école de ses maîtresses et appliquer aux études les méthodes dont elle avait expérimenté les fruits solides et durables.

« Sécularisée devant la loi », la Mère Thérèse-Marie, devenue *Mlle Thérèse-Marie*, n'en demeura pas moins l'épouse fidèle et généreuse du Christ-Jésus, à qui elle s'était donnée sans retour. Car nul ne peut s'ériger en juge dans le for intérieur; il appartient à Dieu, Dieu seul le pénètre. Elle se réserva le droit de se rendre à la maison de la rue de Reuilly visiter les vieillards et les malades, quand son cœur l'y solliciterait.

On la savait active et peu ménagère de ses peines; on lui confia maints emplois. *L'Economat* lui fut une *charge* dans la force du terme. Les chiffres n'étaient pas son affaire. L'institution était importante et les comptes nécessairement plus compliqués que ceux de naguère à Toulon. Ses répugnances instinctives ne la faisaient pas transiger avec son devoir; elle y portait cet esprit surnaturel qui la caractérisait et le soin minutieux qu'elle mettait en toute chose. Après s'être fatiguée sur son travail ardu, il lui arrivait parfois d'y constater quelque erreur; alors, avec un soupir, elle disait à son aide : « Recommençons; heureusement que c'est pour le Bon Dieu! » Cette comptabilité, ajoutée à ses fonctions d'infirmière, l'obligeait à des veillées laborieuses. Pendant les vacances mêmes, combien de fois, jusque tard dans la nuit, penchée sur ses *grands livres de comptabilité,* elle les mettait à jour. Toujours maîtresse d'elle-même, rien ne paraissait au dehors de ses luttes et de ses fatigues. A tous elle faisait bon accueil, jamais une de ces enquêtes mesquines, bien pénibles quand on doit tout demander. Elle croyait sur parole et on lui en était reconnaissante. « Sa compréhension des difficultés, sa largeur de vue autant que les qualités de son cœur, la portaient à faire droit à toute revendication qu'elle croyait légitime. » Elle savait concilier les intérêts de la maison qui lui faisait confiance, avec les besoins de ceux qui se dévouaient à son service. Aussi remplit-elle son mandat avec succès et tous l'aimaient.

L'infirmerie, mieux que l'économat, était le véritable domaine de Mlle Thérèse-Marie; là, elle dépensait à l'aise son initiative et son actif dévouement. Nous avons constaté déjà son savoir-faire auprès des malades, savoir-faire auréolé en quelque sorte d'une bonté toujours croissante. Une personne, qui la voyait à de lointains intervalles, édifiée de l'ascension de cette âme généreuse, lui en exprima naïvement sa surprise : « Que vous êtes bonne! A chacune de nos rencontres, je vous trouve meilleure! » Elle répondit modestement : « J'ai compris que seule la bonté compte; seule elle produit un peu de bien. » Le tact, cette qualité des grands cœurs, les procédés délicats, un peu d'affection témoignée, c'est si bon au pauvre malade. Ces dons, gratuitement départis par la Providence, Mlle Thérèse-Marie les déversait avec bonheur sur ses chères patientes. Profondément compatissante, elle se prêtait avec indulgence aux désirs de ses malades. Elle ne refusait jamais un médicament sous prétexte de cherté. Si l'on s'effrayait du prix : « Cela ne vous regarde pas, vous travaillez, il faut vous soigner. » Elle allait jusqu'à enlever une étiquette pour mettre les cœurs à l'aise.

Dans les cas rares qui nécessitaient une opération chirurgicale ou un long traitement dans une maison hospitalière, elle faisait toutes les démarches, prenait toutes les mesures pour que la malade fût traitée dans les meilleures conditions.

« Je ne puis dire assez, écrit une des maîtresses de la Tour, combien elle fut bonne pour moi, pendant une maladie qui ne dura pas moins de trois ans. Avec une patience admirable, elle écoutait mes réflexions, se prêtait à mes désirs. Si j'ai guéri, je le dois, après Dieu et la bonne Mlle M..., à la bonté des infirmières, notamment de Mlle Thérèse-Marie. » On le voit, elle ne ménageait rien pour sa chère clientèle; surtout elle ne se ménageait pas elle-même. Toutes les heures, parfois toutes les demi-heures, elle montait les trois étages de l'infirmerie pour visiter une malade plus gravement atteinte. Aux soins du corps elle joignait de pieuses paroles pour consoler et pour ranimer les courages. « Elle nous parlait si bien du Bon Dieu et de la douce Vierge Marie qu'on oubliait son mal pendant que cette bonne infirmière était avec vous. » Les lignes suivantes confirment ces témoignages : « Que de bons souvenirs je garde de mes nombreux séjours à l'infirmerie; avec quelle bonté cette charitable demoiselle Thérèse-Marie venait s'asseoir près de mon lit. Quels entretiens nous avions ensemble. C'était un peu comme saint Benoît et sainte Scholastique! Que n'a-t-elle pas fait pour me procurer la visite de Jésus-Hostie! »

Même dévouement inlassable pour les élèves souffrantes, avec plus d'abnégation encore. L'austère infirmière, alors, se faisait toute petite, joyeuse et pleine d'entrain pour égayer son jeune monde et rendre moins triste un séjour à l'infirmerie. C'était, pour ces privilégiées de son cœur, une tendresse d'aïeule qui suppléait de son mieux la maman absente.

Plus d'une mère lui est demeurée reconnaissante d'avoir, par ses soins, contribué au rétablissement de sa fille, parfois gravement atteinte.

Et les élèves sorties de pension n'oubliaient pas les sollicitudes inquiètes dont elles avaient été l'objet de sa part; elles lui en parlaient volontiers dans leurs visites à la Tour. Témoin cette ancienne qui écrivait, après la mort de Mlle Thérèse-Marie : « J'aimais à lui rappeler les soins qu'elle me prodiguait à l'infirmerie. C'est toujours avec des sentiments de bien vive reconnaissance que je penserai à cette bonne mère. »

Lui échappait-il quelque impatience, un peu de raideur avec la sous-infirmière, d'humbles excuses réparaient promptement ses faiblesses. Elle ne domptait sa nature vive et susceptible qu'à force de vigilance et d'énergie. Se sanctifier, elle le savait, ce n'est pas être impeccable, c'est « se relever sans fin ni trêve après ses chutes ».

CHAPITRE IX

Maîtresse de classe des « Violettes ». Amour de Mlle Thérèse-Marie pour la Sainte-Eucharistie.

« Rien de délicieux, affirmait une directrice de la Tour, comme de voir Mlle Thérèse-Marie au milieu de ses Violettes. » Ses Violettes, c'était un bouquet vivant de fillettes de quatre à six ans. Mlle Thérèse-Marie fut, pendant plusieurs années, leur maîtresse de classe. Sous ses apparences austères, elle sut s'attacher ces enfants. La foi lui montrait dans ces âmes les temples du Saint-Esprit, les privilégiées du Cœur de Jésus; elle leur parlait avec respect, les raisonnait comme de grandes personnes, en obtenait tout ce qu'elle voulait. Son cours de catéchisme était remarquable de clarté, de savoir-faire, de piété. Elle fixait l'attention mobile de si jeunes élèves, les captivait et mettait si bien à leur portée les vérités fondamentales de la religion, qu'elle en faisait de vraies *théologiennes*. Et elles savaient vous dire, par exemple, pourquoi le Bon Dieu, qui n'a jamais eu de commencement, est né le jour de Noël. M. l'Aumônier était ravi de leurs réponses aux examens. Et pour ce bon Jésus, né le jour de Noël, elles offraient de généreux sacrifices. On vit telle Violette de quatre ans et demi, pendant tout un carême, soustraire, chaque matin, le morceau de sucre de son déjeuner, le cacher furtivement dans les plis de sa robe, et le porter au pensionnat pour les pauvres. D'autres mangeaient leur pain sec à quatre heures et faisaient la « part à Dieu » de leurs douceurs, chocolats, petits gateaux, etc... Les plus grandes ne se seraient pas présentées au Tribunal de la Pénitence sans avoir, au préalable, préparé leur confession avec Mlle Thérèse-Marie. Ces confidences donnaient parfois lieu à de graves colloques dans le genre de celui-ci : « Voyons... cherchez bien d'abord le plus gros... Celui qu'on vous reproche le plus souvent... » La fillette cherche... ne trouve pas. Enfin... « Ah! s'écria-t-elle, je crois bien que c'est ma mauvaise écriture (1). »

C'était, de la part de ses élèves, l'abandon de l'enfant avec sa mère, quelque chose d'une affection naïve et toute spontanée. Un jour qu'elle se disposait à sortir, une Violette court vers elle, l'enlace de ses petits bras : « Vous sortez, ma chérie! Mais vous reviendrez?... » La directrice surgit d'une pièce voisine pour se rendre compte d'où vient cette voix insolite, en temps de silence. Indulgent sourire de Mlle Thérèse devant ce tableau : la grave maî-

(1) Cette grande pécheresse est aujourd'hui religieuse.

tresse des Violettes, aux prises avec les caresses d'une de ses filles. Ces premières années de leur éducation s'imprégnaient en caractères indélébiles dans ces jeunes cœurs. Tous les ans, plusieurs élèves la demandaient pour marraine de confirmation, fidèles ainsi à leur maîtresse de classe enfantine. Sorties de pension, elles ne l'oubliaient pas et lui faisaient part des grands événements de leur vie.

A la veille de sa prise d'habit chez les Petites Sœurs de l'Assomption, une de ses anciennes lui écrivait :

Bien chère Mademoiselle,

« Vite, je veux vous dire toute ma joie et tout mon bonheur pour que vous ayez une pensée un peu plus spéciale *pour votre petite Violette* auprès du Bon Maître. Oui, chère Mademoiselle, je suis trop heureuse, car je suis de la prochaine prise d'habit qui aura lieu le 28 octobre... O chère Mademoiselle, comme je voudrais que vous priiez pour votre petite... pour que je ne me contente pas d'avoir été petite, mais que j'en aie l'humilité surtout; c'est bien la vertu principale dans la vie religieuse, n'est-ce pas? Et j'espère beaucoup sur les prières de ma première maîtresse pour me l'acquérir. »

L'amie dévouée des enfants, la maîtresse maternelle des Violettes reçut avec respect et docilité le décret *Quam Singulari* du 8 août 1910, par lequel Notre Saint-Père le Pape Pie X conviait les tout petits à la Table Sainte.

Elle comprit la portée de cet admirable décret et mit tout en œuvre pour que fût acceptée et introduite à la Tour la Première Communion précoce. Rien ne la rebuta pour atteindre ce but : elle étudiait la Revue *Hostia* pour se bien pénétrer de l'esprit de l'Eglise; elle stimulait les volontés; elle parlait aux élèves, aux parents pour renverser les préjugés, éclairer les intelligences. Des mamans perplexes venaient la consulter, et, dociles, se rangeaient à son avis, toujours pour l'affirmative : « Laissez les petits enfants s'approcher de Jésus... »

Rome avait parlé : on passa outre sur les vieilles coutumes. Les choses une fois mises au point, Mlle Thérèse-Marie fut pleinement heureuse. Et, à l'heure de la transition, quand elle vit, dans la chapelle de la Tour, un très modeste groupe de fillettes se joindre *aux grandes premières communiantes*, elle l'annonce en termes émus au cher abbé Pierre :

« Nous avons eu, la semaine dernière, la Première Communion solennelle et la première communion privée. Le bouquet de la fête c'étaient trois bébés aux robes courtes et à l'âme de cristal. Avec quel plaisir le divin Maître doit descendre dans ces cœurs qui n'ont pas connu le contact avec le mal. Elles ont toutes fait la Sainte Communion le lendemain. Le soir, une de ces petites me dit : « Demain, je recevrai encore le bon Jésus. » Je lui demandai si elle avait parlé de son désir à M. l'aumônier? Elle me répondit que non. Ces enfants, toutes simples, vont à Notre-Seigneur tout droit; il est leur Directeur. Nous ne sommes plus au temps, pas très éloigné, où il fallait attendre un mois pour faire sa seconde communion. »

Désormais, la première communion précoce s'établit régulièrement à la Tour, et c'était chaque fois, pour Mlle Thérèse-Marie, une fête qui la ravissait.

Tout ce qui touchait aux petites l'intéressait extraordinairement. Elle aimait à dire de ces chères enfants : « Elles raccommodent le Bon Dieu avec l'Humanité... » Comment aurait-elle vu avec indifférence les Tout Petits s'approcher fréquemment de la Sainte Table, cette âme éprise de la divine Eucharistie? Le Tabernacle était le centre de sa vie; elle y puisait force pour la lutte, courage dans l'épreuve, lumière pour sa conduite et pour la conduite de beaucoup. Son attitude à la chapelle disait assez sa foi et son amour.

Voici le témoignage d'une religieuse étrangère, touchée de la piété de Mlle Thérèse-Marie pendant un séjour qu'elle fit à Aigle, au temps de la « Grande Guerre » : « Comme elle était heureuse auprès de la divine Eucharistie. Avec quel profond respect, quel pieux recueillement, elle faisait la génuflexion et adorait Notre-Seigneur. On sentait tout son bonheur auprès de Jésus-Hostie. Que disait-elle à son bon Jésus? Je l'ignore. Mais j'étais grandement édifiée, quand je voyais cette bonne Mère plongée dans un pieux colloque avec Celui qui était si bien son « Tout ». Les choses extérieures ne comptaient plus pour elle. Seul, le devoir la sortait de son recueillement, dans l'unique but de veiller au respect et à la piété dus à Notre-Seigneur. »

Comme l'a parfaitement exprimé l'*Echo de la Tour* (1) : « Anéantie devant la Majesté de Dieu, si son devoir ne l'avait appelée ailleurs, elle serait restée des heures en prières. C'était, du reste, une vieille habitude de jeunesse. Sa mère, la voyant prosternée dans des oraisons interminables, disait d'un ton de soulagement : « Au moins au couvent, elle ne fera plus d'aussi longues prières. »

Elle avait l'amour du service divin; elle avait en horreur tout ce qui lui paraissait économie dans le culte : du beau, du grand, du solennel, elle ne voulait que cela; tout le reste la faisait vraiment souffrir.

Pleine de vénération pour la personne du prêtre, elle en parlait toujours avec respect. C'était, à ses yeux, le Ministre du Seigneur : cela lui suffisait. Du moment où son frère Pierre fut promu au sous-diaconat, elle cessa de le tutoyer. Son affection fraternelle se marquait d'une empreinte divine et lui devint sacrée.

Une des joies de son austère jeunesse, ce fut l'organisation de la procession de la Fête-Dieu. Cette Fête-Dieu, si merveilleusement belle à Sion et dont la renommée s'étend au loin. On l'avait chargée de grouper les enfants en

(1) N° 49, août 1928.

blanc : anges, saints, scènes symboliques. Dès le début, aidée d'une demoiselle de la ville, elle réussit avec tant de goût que M. le curé Abbet la félicita cordialement.

« Si vous connaissez un bon livre sur la Sainte Communion, veuillez me l'indiquer, je désire beaucoup un ouvrage sur ce sujet. La sainte Eucharistie est le tout d'une âme chrétienne (1). » Le Tabernacle l'attirait comme un aimant irrésistible. Quand elle se retrouvait à la rue de Reuilly, en arrivant elle se hâtait vers la chapelle, saluer tout d'abord le Maître de la maison.

Les jours d'exposition du Saint-Sacrement, elle passait tout son temps libre en adoration. Sur le verso d'une image, Memento de l'ordination et de la première messe de son frère, elle avait écrit, à la date du 5 septembre 1899 : « Merci, mon Jésus, de votre miséricordieuse invitation. Donnez-moi de me rendre digne de cet honneur que vous me faites. Ma bonne Mère et saint Joseph, je vous confie toutes les communions de ma vie. » Quel est le sens exact de ces lignes? Nous l'ignorons. Mais tout semble indiquer qu'il s'agit de la communion quotidienne. C'était, à cette époque, une faveur plutôt rare. Bon nombre de théologiens, avant les décrets de Pie X, considéraient la communion comme une récompense de la vertu acquise et non comme « l'antidote aux maladies de l'âme », une force à ses faiblesses.

(1) Lettre du 27 août 1915 à son frère.

De là, chez Mlle Thérèse-Marie un sentiment de crainte mêlé à sa reconnaissance. Quelque quinze ans plus tard, l'Eglise revenait à la tradition des premiers siècles. Elle brisait les dernières barrières du jansénisme et ouvrait, toute grande, aux âmes de bonne volonté, la salle du banquet eucharistique. Aux exigences passées ont succédé des règles très simples, accessibles à tous. Deux conditions désormais pour approcher fréquemment, tous les jours même, de la Sainte Table : l'exemption du péché mortel et l'intention droite. Fille très soumise de la sainte Eglise, intelligente des besoins actuels, Mlle Thérèse-Marie, tout en déplorant certains abus, inévitables aux époques de réaction, se réjouit de ce nouvel état de choses. Elle félicite l'abbé Pierre d'entrer pleinement dans les vues de Pie X, qui, dans sa sagesse et sa compassion pour notre société malade, l'envoie chercher de la force et de la vaillance où elles se trouvent.

« Je désire vous dire ma joie intime de votre zèle à propager, parmi la jeunesse, l'habitude sanctifiante de la communion fréquente. C'est, pour mon âme de sœur, une jouissance d'ordre particulier de savoir votre dévouement à la plus sainte des causes, et de voir que vous prenez, sous l'inspiration divine, le moyen le plus propre à faire régner N. S. dans le monde de l'intelligence et de la volonté. »

Son amour pour la divine Eucharistie n'était jamais satisfait. Pour faire de tout son être, comme une chapelle vivante, elle entra dans *l'Union Eucharistique de réparation,* érigée sous le patronage de Notre-Dame du Tabernacle, après l'exécution des décrets du 25 mars 1880, qui ont dispersé tant de religieux et laissé vides tant de sanctuaires. A cette fin, on assigne à toute personne qui le désire une chapelle fermée, et l'associé s'engage à suppléer de son mieux à la solitude et à la profanation du saint lieu.

« La chapelle des Pères Carmes de Marseille, porte le billet d'admission, est confiée au zèle de Mlle Joséphine de Courten qui s'efforcera de faire de son âme un *ciboire* par l'esprit de prière; de son cœur, un *autel* par l'esprit de sacrifice; de tout son être, un *ostensoir* qui rayonne Jésus par le bon exemple et porte partout la bonne odeur de Jésus-Christ. »

C'est tout un programme. Ce programme, Mlle Thérèse-Marie l'a rempli avec une généreuse fidélité. Qui fut plus âme de prière que cette amante de Jésus-Hostie? Son esprit de sacrifice? Elle foulait aux pieds la nature. Ses maux d'estomac étaient l'occasion ou le prétexte de mille privations. Les jours de fête amenaient-ils un repas plus relevé, elle n'en faisait aucun cas. Les douceurs, dons de cœurs généreux, pour soulager ses malaises fréquents, ou calmer ses quintes de toux, passaient dans les mains d'une malade chère. A bout de forces, elle n'accepta un fauteuil que vaincue par les infirmités; jusque là une simple chaise avait suffi à son pauvre corps amaigri et douloureux. Elle pratiquait la mortification intérieure, celle qui trempe les âmes; une parole retenue, un oubli accepté, l'abnégation à son jugement, toutes souffrances supportées, en silence, sous le regard de Dieu.

Mlle Thérèse-Marie a vraiment rayonné le bon exemple. « C'était une règle vivante », ont déclaré ses sœurs du noviciat. Elle le fut jusqu'à la fin, toujours plus vertueuse, toujours plus édifiante, toujours plus rayonnante de dévouement, du don complet d'elle-même à toutes les âmes inquiètes, perplexes ou désolées.

CHAPITRE X

La Grande Guerre de 1914.

Les vacances de 1914 s'annonçaient sous de riants auspices pour Mlle Thérèse-Marie. Elle devait les passer, en partie tout au moins, dans les Pyrénées. Le 31 juillet, elle part pour l'Estelle où l'attendaient un groupe d'amies. Elle fut très vite gagnée au site enchanteur de ce gracieux pays; elle se réjouissait de se retrouver au milieu de personnes chères. Mais sa plus douce joie, c'était la proximité du sanctuaire de Notre-Dame de Bétharram, où, tous les matins, elle entendait la sainte messe. Elle y retournait dans la journée, s'y perdait dans de longues prières; la paix de cette église la pénétrait; elle devait en garder intact le souvenir. Vers la fin de sa vie, elle écrivait à l'une de ses compagnes de ce pieux séjour : « Les voyages me sont impossibles; désormais il me reste à me préparer à mon grand départ... Veuille Notre-Dame de Bétharram me tendre son rameau béni à l'heure de la rencontre avec son divin fils (1). »

(1) Bétharram, du béarnais *bel aram,* beau rameau.

La villégiature fut de courte durée. Sur la frontière, le canon grondait; de meurtriers combats se livraient en Belgique; bientôt même Paris semblait menacé. Mlle Marthe, privée, à cette heure d'angoisse, « de son amie des bons et des mauvais jours », la rappela par dépêche.

La circulation devenait difficile, le séjour des étrangers en France compliqué; un laissez-passer du maire de l'Estelle autorise Mlle Thérèse-Marie à se rendre à Lourdes, le 25 août, pour se faire photographier (1). Voir Lourdes, la terre des miracles, jamais elle n'avait caressé ce rêve qui lui semblait « irréalisable ». Et le rêve se réalisa cependant; mais ce lieu béni n'offrait pas l'aspect animé des années précédentes. Peu de jours auparavant, les foules se pressaient sur ce sol privilégié, attirées par le Congrès eucharistique international. Aujourd'hui, c'était la solitude. Les trains, qui, d'ordinaire à cette saison, déversaient dans ce lieu de paix et de prières d'innombrables pèlerins, emmenaient, dans une direction opposée, les défenseurs de la Patrie menacée.

Après avoir donné libre cours à sa piété, Mlle Thérèse-Marie rentrait le soir même à l'Estelle; et, le lendemain, elle reprenait le chemin de Paris. Après deux jours de voyage, elle

La Sainte Vierge, autrefois, tendit un rameau à une jeune fille qui, tombée à l'eau, allait périr.

(1) La photographie devait figurer sur les papiers d'identité.

était auprès de Mlle Marthe. Elles étaient heureuses de se retrouver toutes deux et de se prêter un mutuel appui dans les difficultés qui étaient grandes. Mlle Duriez était en Suisse; en attendant son retour, les deux amies se multipliaient en courses d'affaires.

Au milieu des tracas de tout genre et des tristesses de l'heure présente, les sollicitudes se portèrent sur l'installation d'une ambulance. Une grande partie des bâtiments fut mise au service des blessés et devint l'hôpital auxiliaire n° 229 de la Croix-Rouge. Tout s'organisa promptement; ouvert au mois d'août 1914, il fut transféré ailleurs au mois de juillet suivant. En septembre, l'ambulance abritait trente-trois blessés, montés bientôt à quarante-quatre. Tous les matins, Mlle Thérèse-Marie, en costume d'infirmière, portait le déjeuner aux malades de la salle Pasteur. Elle consolait, réconfortait, dissipait les fameux « cafards ». Surgissait-il quelque tâche délicate, une circonstance pénible ou anormale? Mlle Marthe se faisait accompagner par Mlle Thérèse-Marie, assurée qu'elle était de son dévouement et de sa discrétion. « Avec elle, je suis tranquille, je puis aller partout. » Parfois, après une sortie, les blessés, *littéralement* fêtés en ville, rentraient dans un état plutôt malheureux. Les deux infirmières accouraient pour la besogne de miséricorde, essuyaient mille injures (qui d'ailleurs ne s'adressaient pas à elles) et paraient à des accidents indescriptibles qu'on devine.

Le 15 octobre, Mlle Thérèse-Marie part pour la Suisse accompagner deux enfants au pensionnat « Mon Séjour ». Elle revoit avec plaisir les membres de sa famille; mais sa joie est bien mêlée par l'angoisse qui étreint tous les cœurs. Les armées belligérantes livrent autour du pays des combats sanglants : les soldats suisses gardent les frontières prêts à tout, en cas de surprise.

Le pensionnat « Mon Séjour » abritait un certain nombre de religieuses bloquées par la guerre. L'arrivée de cette bonne Mlle Thérèse-Marie, si vertueuse, au jugement sain, au tact exquis, leur fut une grande consolation. Attristées par leur situation indécise, elles cherchaient auprès de cette précieuse amie, lumière et réconfort. Sa chambre était constamment assiégée par ces bonnes religieuses. Les Annales de la maison d'Aigle ont résumé, en termes élogieux, son rapide passage : « Mlle Thérèse-Marie, venue pour accompagner deux enfants, a fait, parmi nous, un bien court séjour; mais il a suffi pour nous faire apprécier davantage encore la bonté de son cœur, sa délicatesse, son aimable charité. »

Le voyage du retour fut mouvementé, avec une nuit passée à Vallorbes. Impossible de se rendre de Lausanne à Paris, sans coucher en route. Pendant que le train la ramenait *lentement* à son poste, Mlle Thérèse-Marie avait tout le loisir de se rappeler une parole de son père, avant son départ pour le couvent : « Pourquoi veux-tu aller en France? Elle est à la veille d'une guerre. Tu ferais mieux de rester en Suisse. » Mais Dieu l'appelait en France; elle partit et ne le regretta jamais. La perspective de la souffrance n'effrayait pas son âme vouée au sacrifice.

A Paris, elle retrouva l'ambulance, l'économat et, bientôt, ses chères petites « Violettes ». En effet, la rentrée put s'effectuer le 4 novembre. Peu à peu les élèves revenaient; vers la fin du mois elles étaient soixante-dix. Le pensionnat marchait normalement, en parallèle avec l'ambulance jusqu'au mois de juillet 1915.

On vit même, le 8 décembre, la première communion d'une fillette de six ans et demi, toute mignonne dans sa robe blanche, agenouillée sur un prie-Dieu orné de dentelles et de rubans blancs. Les blessés convalescents assistaient à cette touchante cérémonie; plusieurs sentirent se réveiller de lointains souvenirs au chant du cantique : « Le voici l'Agneau si doux ».

Et des larmes montèrent dans bien des yeux.

L'après-midi, l'aumônier, M. l'abbé D...., procédait à la réception de quelques enfants de Marie, tout comme dans les années de paix. On le voit, malgré la tristesse des temps, malgré les bombes meurtrières que, du haut des airs, l'ennemi lançait sur Paris, la Tour redevenait la ruche active de toujours; plus active même que jamais. A leurs études, les élèves ajoutaient un labeur sans arrêt pour les soldats du front : bas, cache-nez, passe-montagnes sortaient prestement de leurs mains habiles. Elles se montraient, sur ce point, les dignes émules de Mlle Thérèse-Marie qu'on rencontrait partout, un tricot à la main.

La bonne demoiselle s'employait avec un égal empressement au secours des réfugiés des pays envahis. Elle n'épargnait rien pour leur venir en aide. Elle se multiplia pour faire entrer dans une école chrétienne un enfant du Nord, parent d'une religieuse. A force de démarches elle obtint qu'il fût admis chez les Frères. Dans la même famille, elle s'intéressa vivement à une jeune femme, bientôt veuve de guerre, et à sa fille au berceau. Elle soutint la pauvre mère en détresse; et, la guerre terminée, elle lui continua, jusqu'à ses derniers jours, l'appui d'une affectueuse et délicate assistance et le réconfort de ses lettres si pieuses et si surnaturelles. En apprenant la mort de Mlle Thérèse-Marie, cette bonne dame écrivait : « Mon cœur s'est fondu en larmes, et, tout de suite, mes prières se sont élancées, à son intention, vers notre divin Maître. » Ainsi, au milieu d'une lutte sans égale, les mois s'écoulaient lentement, dans la pratique d'un dévouement intense. Mlle Thérèse-Marie suivait, avec angoisse, les phases de cette guerre meurtrière qui faisait de l'Europe un champ de carnage. Un cri d'indignation s'échappait parfois de sa plume : « Nous assistons à des actes de la barbarie antique jointe à toute la perfection des armes modernes (1). »

(1) Lettre à son frère.

Au mois de janvier 1917, elle reprit le chemin de la Suisse. La supérieure de « Mon Séjour », Mère Saint-Louis de Gonzague Blanchemain, était souffrante; Mlle Thérèse-Marie fut priée d'aller la seconder, la suppléer au besoin. Pendant près de deux mois, pleine de déférence pour la malade, elle se prodigua auprès de la communauté. Le noviciat, transféré de Belgique à Aigle, était l'objet de sa particulière sollicitude; elle écoutait avec une maternelle indulgence les confidences des novices, les encourageait dans leurs petites difficultés. Echappait-il quelque faute contre la discipline à l'une ou l'autre d'entre elles, la bonne demoiselle savait, par une humble confiance, les remettre dans le chemin de la ferveur et l'amour de la règle. Les novices de cette époque ont gardé le souvenir des conférences qu'elle leur faisait de temps en temps. Celle du 19 février les avait particulièrement frappées : « Prendre au noviciat l'habitude du recueillement, observer le silence extérieur et intérieur. Vie d'union intense avec Notre-Seigneur. Recourir toujours à Dieu, même et surtout dans les souffrances. Avoir confiance. Il nous fera toujours connaître, souvent indirectement, la réponse dont nous avons besoin... »

« Elle nous assurait, note une novice, l'avoir expérimenté elle-même; lorsqu'elle n'avait pas pu demander la lumière dont elle avait besoin, Dieu la lui donnait, le plus souvent, par un intermédiaire qui ne s'en doutait pas.

Parfois même une réflexion d'enfant ou d'une personne ignorante avait été pour elle la réponse du Bon Dieu. Elle nous affirmait que Dieu agirait de même envers nous si, avec une très grande confiance, nous avions recours à lui plutôt qu'aux créatures. » Cette femme, si maîtresse d'elle-même, insistait sur la nécessité de se posséder, de savoir tenir son âme dans ses mains, selon l'expression de l'Ecriture sainte : « La vie est une lutte contre des obstacles de tous genres, particulièrement contre soi-même. Donc, pour plus tard, profiter des enseignements de l'heure présente; chercher Dieu; se servir des créatures pour aller à Lui; ne pas rechercher les consolations humaines : se reposer sur Dieu seul. »

Après quelques exhortations sur la piété et le respect dans la récitation de l'office, l'exactitude et l'esprit surnaturel en toute chose, elle terminait par un pressant appel à la reconnaissance pour la vocation religieuse, grâce inestimable qu'il faudrait recevoir à genoux, selon l'expression d'un pieux auteur.

Cependant, la santé de la Mère Saint-Louis de Gonzague se raffermissait; elle semblait même si bien que Mlle Thérèse-Marie reprit, le 2 mars, le chemin de la France. Le mieux de la vénérée supérieure n'était qu'apparent : le 13 mars, vers une heure de l'après-midi, elle rendait paisiblement son âme à Dieu.

Une dépêche avertit Mlle Thérèse-Marie. En même temps que la dépêche lui parvenait une lettre de la vénérée défunte. Dans cette lettre, écrite la veille même de sa mort, la bonne Mère exprimait toute sa gratitude pour celle qui l'avait si bien, si charitablement secondée pendant quelques semaines.

CHAPITRE XI

Directrice intérimaire de « Mont-Séjour » : Mars-Octobre 1917. Fin de la guerre 1919.

Le 23 mars, Mlle Thérèse-Marie se retrouvait à Aigle. « Elle nous est prêtée pour un temps, lisons-nous dans les Annales de « Mon Séjour ». Cette bonne demoiselle nous entoure de son dévouement et de son affection; elle nous édifie par sa bonté et sa profonde piété. »

Elle devait y rester sept mois; mois pleins de charme pour elle, heureuse d'y retrouver sa vie intègre des beaux jours d'autrefois. Elle eut la consolation d'y présider, au nom de la supérieure générale, la série complète des cérémonies religieuses. Le 25 mars, deux prises d'habit; le 26, les premiers vœux et une profession perpétuelle. M. l'abbé Jérôme Zimmermann (1) célébra la vêture des sœurs Marie Saint-Joseph-de-Goncourt et Sainte-Marie-de-Beaufort. Son allocution avait profondément touché Mlle Thérèse-Marie qui re-

(1) Directeur du Séminaire de Sion, décédé en 1921.

mercia le prédicateur avec effusion. Tout heureuse, elle entretenait ensuite la communauté de ce sermon imprégné de l'esprit de charité qui, assurait-elle, a fait tant de bien à plusieurs d'entre nous. La situation, en effet, était délicate. En cette période de guerre, la maison abritait des personnes de nationalités très diverses. Elle sut elle-même, au milieu de difficultés particulières, maintenir dans son petit royaume l'*entente cordiale*, la vraie celle-là, établie sur la charité du Christ. Pendant cette période de supériorité intérimaire, Mlle Thérèse-Marie donna toute la mesure de son talent dans la conduite des âmes. Religieuses et élèves participèrent largement aux bienfaits de son expérience, de « ce don de divination » qu'elle possédait des besoins et des aspirations de chacune. Accueillante, d'un abord facile, elle semblait toujours heureuse de recevoir, dans son bureau, quiconque avait recours à ses lumières et à sa compatissante bonté.

Son grand amour de Notre-Seigneur faisait éclore en son cœur les sentiments les plus fraternels, les plus délicats, les plus exquis; elle aimait profondément les chères mères et sœurs qui l'entouraient : « Je me rappelle, écrit une religieuse déjà citée, je me rappelle toujours combien elle était heureuse quand je disais du bien, que je parlais avantageusement des unes et des autres; je sentais que vraiment c'était une joie pour elle. » Elle avait, pour les élèves, pour toutes les personnes commises à sa garde, une sollicitude qui se traduisait de mille manières. Sans jamais enfreindre une règle, sans nuire en rien à la marche des études, elle entrecoupait sagement les journées de travail, de promenades à travers la belle campagne vaudoise ou vers quelque cime agreste; elle accompagnait sa chère famille d'adoption, quand elle le pouvait, heureuse de lui donner cette preuve d'affection, heureuse aussi de retrouver les pures joies de sa jeunesse, en face des beautés d'une grandiose nature.

Revenons encore sur les appréciations de sœur M.-M...; religieuse de nationalité étrangère, comme nous l'avons dit, mais faisant partie d'une communauté française. Elle avait trouvé à « Mon Séjour » avec sa compagne sœur C. de S. un refuge contre les exigences de la guerre. « Je ne pourrai jamais assez dire combien la chère Mère a été bonne pour nous. Douée d'une grande sensibilité, elle comprenait toute chose; elle savait toujours trouver ce mot du cœur approprié aux moments et aux circonstances. Combien elle était dévouée à notre petite sœur C. de S. (1). Plus d'une fois, malgré la fatigue d'une journée de travail, elle m'aidait à la soigner, à l'entourer aussi longtemps que la chose lui parut nécessaire.»

La plus jeune de ces religieuses mourut à Aigle. L'autre, entrée dans sa communauté, à la suite de la paix de Versailles, a gardé de

(1) Sa compagne qui était malade.

la bonne directrice intérimaire un souvenir fidèle d'estime et de reconnaissance. D'ailleurs, sœur M.-M. fut pendant son séjour à Aigle un sujet permanent d'édification; les rapports avec cette bonne religieuse étaient des plus faciles. C'est elle encore qui nous a dépeint la charité compatissante de Mlle Thérèse-Marie envers les pauvres. « Elle écoutait avec tant de bonté le récit de leurs peines, s'informait de leurs besoins, y portait remède dans la mesure de ses moyens; puis, elle les encourageait, leur parlait du Bon Dieu et ne les quittait pas sans les avoir remontés et soulagés. » Par-dessus tout, elle veillait avec un soin jaloux à la formation des âmes qui lui étaient confiées; elle ne négligeait aucun moyen de les former à la piété solide.

Bien que la congrégation de Sainte-Clotilde soit étroitement consacrée aux Sacrés-Cœurs de Jésus et de Marie, et que chaque religieuse lui appartienne par une donation spéciale, Mlle Thérèse-Marie voulut y joindre l'intronisation pour imprimer dans l'âme des enfants un amour ardent pour le Sacré-Cœur. Mgr Mariétan, abbé de Saint-Maurice, évêque titulaire de Bethléem, voulut bien présider la cérémonie. On garda longtemps à « Mon Séjour » le souvenir de cette douce fête. L'initiative de cette Intronisation du « Roi d'amour » convenait bien à Mlle Thérèse-Marie « véritable apôtre du Divin Cœur ». Elle terminait toutes ses lettres par un adieu ou plutôt un rendez-vous dans ce Cœur adorable :

Votre dévouée et bien unie dans le Sacré-Cœur.

Union de prières dans le Sacré-Cœur.

Croyez à mes sentiments affectueux et dévoués dans le Cœur de Jésus.

Amour du Sacré-Cœur, notre asile ici-bas, comme il sera notre bonheur dans la gloire, etc., etc...

Cette piété envers le Cœur de Jésus était encore une tradition de famille. « Nos bons parents avaient une très grande dévotion au Sacré-Cœur, nous devons beaucoup de grâces à cette dévotion; je voudrais la communiquer aux âmes. Vous qui avez le bonheur de pouvoir le faire, faites-le largement (1). »

Au mois de septembre, pendant les grandes vacances, M. l'abbé Magnin, curé-doyen de Crêt (Fribourg), prêcha la retraite à la communauté. Retraite féconde empreinte d'un ardent amour de Dieu et bien propre à produire des fruits durables dans les âmes. A la fin des exercices, le prédicateur proposa aux retraitantes de choisir chacune son écusson, avec une devise qui deviendrait comme le mot d'ordre d'une vie de ferveur renouvelée. Mlle Thérèse-Marie fut vite fixée. Les armes de sa famille lui étaient tout indiquées : de gueule au globe d'or surmonté de la Croix de même. A cet écu, elle ajouta, au centre de la Croix une Hostie; au-dessus, une étoile. En

(1) Lettre du 25 mai 1913 à son frère.

exergue : la Croix éclaire et conduit à la joie. Le tout fixé sous un « Agnus Dei ».

La tâche de Mlle Thérèse-Marie à « Mon Séjour » était achevée. Une religieuse prenait la direction de la maison. Laissons-lui la parole :

« Quand je fus envoyée à Aigle, en septembre 1917, écrit la nouvelle supérieure, je pus constater combien cette bonne demoiselle avait été appréciée. Jamais je n'oublierai avec quelle délicatesse elle me présenta à la communauté de « Mon Séjour », lorsque, après un long et pénible voyage, j'arrivai à destination. Durant quinze jours, elle m'initia aux devoirs de ma charge, avec quelle maternelle bonté. Aussi quelle peine ce me fut de la voir s'éloigner. Elle fut pour moi un vrai Cyrénéen, et elle continua son rôle bienfaisant durant tout mon séjour en Suisse, par sa correspondance... Quel jugement sûr, quel merveilleux bon sens, quelle parfaite discrétion... »

Une indisposition retint Mlle Thérèse-Marie à Aigle jusqu'au 15 octobre. Les Annales de la maison mentionnent son départ et ajoutent : « Son cœur était bien gros en quittant la Suisse, les montagnes et le petit nid de « Mon Séjour ». Reconnaissance et filiale affection à cette Mère si bonne, si dévouée, si apôtre. »

La guerre continuait son œuvre de destruction. Un rayon d'espérance toutefois se levait à l'horizon. Les Etats-Unis s'ébranlaient pour la défense du droit.

Le 6 août de cette année 1917, le congrès

de Washington, à la suite de la rupture diplomatique du 17 février précédent, déclare officiellement la guerre à l'Allemagne. Dès lors, le sort de l'ennemi est fixé. Dans son désespoir, il redouble ses moyens d'attaque, en dehors même des champs de bataille. Dès le début, il avait inauguré ses raids nocturnes. Les « Gothas » visaient avec une particulière insistance la gare de Reuilly en communication avec la voie ferrée de l'Est. C'était pour la maison de Sainte-Clotilde un danger sans cesse renouvelé. A chaque incident plus grave, Mlle Thérèse-Marie accourait auprès de la communauté, s'informait avec intérêt et compassion des moindres circonstances de ces nuits d'angoisse. Au matin du 2 avril 1918, après une alerte des plus formidables qu'ait essuyées le quartier, elle réveilla de bonne heure une jeune amie qui devait l'accompagner au 101 . « Surtout, lui commanda-t-elle, ne rencontrez personne qui puisse nous empêcher de partir. » Et toujours elle s'associait aux justes alarmes de chacune; elle consolait, encourageait et, avec la courageuse supérieure, Mère M.-Ph., elle bénissait la Providence de sa protection visible sur la chère famille : quelques dégâts matériels, des vitres brisées en masse, jusqu'à mille dans la nuit du 2 avril... Mais jamais une blessure, jamais une personne atteinte.

L'ennemi aux abois, non satisfait de ses raids nocturnes, imagina la fameuse « Bertha », canon à longue portée dont les bombes meurtrières menaçaient les Parisiens à toute heure du jour.

La circulation en ville devenait dangereuse. Comment assurer les allées et venues des demi-pensionnaires?

On crut sage, à la Tour, de transférer le pensionnat en province. Le lundi-saint, 25 mars, Mlles Duriez et M. A. se mettent en quête d'un lieu paisible. Elles s'arrêtent à Fresnay-sur-Sarthe et rentrent à Paris le 28. Le jeudi de Quasimodo, 11 avril, quelques dévouées travailleuses se portent sur les lieux pour l'installation. Le 26 avril, tout est prêt; les classes recommencent là-bas; la Tour se vide.

Mlle Thérèse-Marie demeure à Paris, gardienne de la maison, avec un petit groupe de vaillantes. Mentionnons l'ardente Mme Bertrand.

Consciente de ses responsabilités, Mlle Thérèse-Marie veillait à tout et sur chacune avec sa sollicitude coutumière et avec calme et sérénité.

Les circonstances devaient mettre au jour les mortelles inquiétudes qui étreignaient son âme sans que rien ne parût au dehors.

Deux personnes venues de Normandie et reçues à la Tour devaient se rendre à Neuilly, chez le dentiste. Mlle Thérèse-Marie ne pouvait se décider à les laisser partir. La « Bertha » traîtreusement pouvait lancer ses bombes à l'improviste; l'intervention d'une personne autorisée répondit de la plus jeune des visiteuses, elle prit sur elle toute responsabilité et déclara qu'on pouvait s'aventurer sans crainte. Un projectile éclata, pendant la séance, non loin de l'appartement du dentiste; mais les deux téméraires rentrèrent saines et sauves, au grand soulagement de la pauvre maîtresse de la maison.

Peu après cette aventure, une nuit, deux « Gothas » survolèrent Passy. Au premier signal, chacune est sur pied et se rend au salon du rez-de-chaussée, désigné par les architectes comme abri sûr. Le danger passé, on regagne les dortoirs. Bientôt la sirène fait entendre à nouveau son lugubre avertissement. Bien vite, encore une fois, on se retrouve au rendez-vous indiqué. Mais quelle est cette lueur à l'horizon? Un édifice en flammes? Lequel? On se perd en conjectures. Les plus curieuses stationnent dans le couloir et contemplent le spectacle. On put alors mesurer toute l'angoisse du cœur de Mlle Thérèse-Marie. D'un ton d'autorité, qui trahit son émotion, elle ordonne : « Qu'on rentre bien vite. »

Les Américains convoitaient les établissements scolaires pour s'y loger. Immédiatement Mlle Thérèse-Marie prévint les directrices : elles accoururent pour parer au danger. La bienveillante intervention du cardinal Amette obtint que quatre maisons de l'enseignement libre du diocèse seraient épargnées. La Tour était sauvée.

Vers la fin de septembre, la « Gotha » agonisante lançait sa dernière bombe. Place

Possoz, à cinq minutes de la Tour, qui trembla sur ses bases. C'était l'adieu des Allemands désemparés. On connaît la suite des événements. L'armistice du 11 novembre 1918 arrêta les hostilités, prélude glorieux de la paix signée à Versailles, le 28 juin 1919.

Dès la fin de septembre, les exilées de Fresnay revenaient à Paris; puis après l'armistice s'effectue la rentrée des classes. Sans doute, la vie économique, la vie sociale elle-même se ressentirent longtemps du fléau de la guerre; malgré tout, l'institut de Mlle Duriez reprit très vite sa marche des beaux jours. Le nombre des enfants augmentait d'année en année.

Mlle Thérèse-Marie semblait s'être retrempée d'un nouveau courage pour sa tâche d'éducatrice, et animée d'un zèle plus ardent pour le bien de tous. A partir de cette époque, elle ne vivra plus que pour sa famille d'adoption, pour les enfants, pour ceux qui souffrent.

CHAPITRE XII

Les dernières années d'activité : 1918-1925
Esprit lumineux, Cœur compatissant.

Son âme s'épurait, grandissait dans la pratique plus intense, plus généreuse de cette vie intérieure qu'elle recommandait aux autres. Sans cesse, elle y revenait auprès des âmes dont elle était chargée. « La vie intérieure, aimait-elle à dire, est la vraie vie, celle qui aura son couronnement dans le ciel. Lorsqu'une maison tombe en ruines, ce n'est pas à cause de l'orage, de la pluie ou du vent qui souffle au dehors, c'est que personne ne l'habite pour la réparer. L'intérieur est vide : c'est la vraie cause de sa perte. Habitez votre âme, maintenez-y l'esprit religieux, il vous gardera. »

Elle habitait son âme, la pieuse Mlle Thérèse-Marie, elle y demeurait avec le Dieu qu'elle aimait. Et son amour pour Dieu n'était pas un amour consolé. Loin de goûter les suavités d'une ferveur sensible, son âme marchait dans la nuit de la crainte et du scrupule.

Suis-je résolue à faire la volonté de Dieu? Oui.

Suis-je résolue à obéir à mes supérieurs? Oui.

Suis-je résolue à entrer dans l'esprit de ma règle? Oui.

Suis-je résolue à accepter la direction qui m'est donnée au confessionnal? Oui.

S'il en est ainsi, reste en paix, mon âme; Dieu ne demande que cela pour sanctifier son âme.

Ces lignes sont signées des initiales d'un saint prêtre (H. C.), qui fut son Directeur pendant plus de vingt ans (1).

Sur un minuscule morceau de papier, d'une écriture illisible au crayon, mais bien de la même origine, ce seul mot : *Soyez tranquille.*

Elle avait fait déchirer sous ses yeux, avant de mourir, tous ses écrits. Ces deux fragments et de petites feuilles de résolutions égarés dans des livres de piété ont échappé à la destruction. Ils suffisent pour éclairer sur la voie douloureuse de cette âme éprouvée.

Néanmoins docile et obéissante « elle savait conserver sa confiance en Dieu, en dépit de sa nature craintive que je me faisais un devoir de combattre », écrit un prêtre qui l'a bien connue.

Et cette confiance, conquise pour ainsi dire, à la pointe de l'épée, elle s'efforçait de la com-

(1) Monsieur l'abbé Henri Chaumette, décédé le 12 janvier 1914.

muniquer aux âmes inquiètes. « Pourquoi vous torturer comme vous le faites? Croyez à la tendresse et à la miséricorde du divin Maître. Tout à lui dans votre vie dévouée à ses enfants, il n'est pas possible que vous ne soyez pas pour lui une âme consolatrice qu'il se plaît à bénir; faites honneur à votre titre d'épouse, jouissez de votre situation privilégiée. L'épouse n'est pas esclave, elle connaît la tendresse de celui auquel elle a voué son amour (1)... »

Et dans une autre lettre à la même : « Je porte à votre âme un paternel intérêt, depuis le jour où, de la part du divin Maître, je lui disais une parole de *confiance* et d'*espérance*, comme je la lui répète aujourd'hui. Croyez que Notre-Seigneur est content de vous... »

L'amour divin pour Mlle Thérèse-Marie résidait tout entier dans l'action et dans le devoir généreusement accepté. « Pour elle, écrit une religieuse déjà citée, connaître un acte comme le plus conforme au bon plaisir divin, et l'accomplir c'était tout un. Et cette vertu se cachait sous le voile de la plus vraie, de la plus sincère humilité. Elle s'effaçait, s'oubliait toujours, ne parlait jamais d'elle et s'estimait la plus indigente d'entre ses compagnes. »

On demeurait frappé de l'accent pénétré avec lequel, dans la récitation du chapelet en commun, elle disait ces mots : *Pauvres pécheurs*. Priez pour nous, *pauvres pécheurs*.

(1) Lettre à une amie religieuse.

« Plus je vis, plus je constate mon peu de valeur, il faut sans cesse regarder vers le ciel pour trouver le courage de continuer la lutte (1). »

« Nous serons en retraite du 12 au 19, priez pour moi, ma vie touche à sa fin... Que vaut-elle? »

La pensée de l'appel divin ranime sa confiance. « Dans quelques années, j'aurai terminé ma carrière, et je bénirai Dieu d'avoir, dans sa miséricorde, abaissé sur moi ses regards et de m'avoir arraché à mon pays, pour me faciliter d'arriver à lui (2). »

Et le souvenir de la Patrie devient un levier; son âme soulevée chante au Créateur sa gratitude : « Rappelez-vous nos montagnes. A certains jours, elles dominent, éclatantes et pures, sous leurs parures de neige, les nuages de la vallée; nous sommes sur la cime. Bénissons Dieu. »

Sous les glaces de la vieillesse, malgré les infirmités de l'âge, elle garde, fraiche et intègre une reconnaissance de novice pour la grâce de sa vocation, don gratuit du cœur de Dieu, le plus beau après le Sacerdoce.

Et cette reconnaissance s'épanchait dans un amour profond et dévoué pour la chère congrégation qui l'avait accueillie; elle la voulait irréprochable, toute sainte, digne des bénédictions divines. De là son soin minutieux à

(1) Lettre du 28 septembre 1905, à son frère et lettre du 27 août 1915, au même.

(2) Lettre du 28 septembre 1909 à son frère.

maintenir les traditions. Plus le siècle évolue, plus elle s'en constitue énergiquement la gardienne par la parole et par l'exemple. Et se considérant toujours liée envers le Dieu qu'elle avait choisi pour son partage, elle ne se permettait pas la plus petite brèche, la plus petite omission dès qu'elle pouvait faire autrement. Avec une sainte adresse, en dépit des circonstances extérieures, elle veut garder jalousement sa règle. « Veiller au silence, surtout près de la loge; attention à 4 heures; que de choses on croit utiles, qui ne le sont pas (1). »

D'aucuns trouvaient exagérées les précautions qu'elle jugeait nécessaires, dans la crainte d'un relâchement toujours possible.

Rigide pour elle-même, elle était bonne pour chacune des personnes qui l'entouraient; elle les considérait comme des sœurs; travaillant à l'œuvre commune de l'éducation; elle les chérissait d'une affection égale et sainte. Toutes allaient avec confiance à cette amie sincère, au jugement si droit, au cœur compatissant. Confidente des âmes affligées ou anxieuses, des cœurs meurtris, elle avait un baume pour toutes les blessures, elle était la lumière dans tous les doutes. Au talent rare de savoir écouter, Mlle Thérèse-Marie joignait une discrétion absolue. Sûre d'être comprise on lui dévoilait son âme avec un abandon peu commun. Tout y passait comme naturellement, elle exerçait une sorte de fascination qui

(1) Résolution, 8 septembre 1923.

rendait faciles les confidences les plus pénibles : peines de famille qu'on n'eût osé découvrir à personne, s'étalaient à ses yeux sans la surprendre et se révélaient à son cœur toujours compatissant. Elle comprenait tout, éclairait, pacifiait, consolait.

Tant que les circonstances le permirent, elle fut le lien de paix dans sa communauté. Discrète, comme nous l'avons dit, accueillant avec la plus aimable charité qui recourait à ses lumières; elle écoutait comme si elle n'avait rien de plus pressé à faire. Si l'on avait tort, c'est avec des paroles de compassion religieuse qu'elle le faisait comprendre, éveillant dans l'âme l'esprit de foi et de sacrifice. Si les réclamations étaient justes, c'est avec un tact merveilleux qu'elle y faisait droit; elle excusait ses sœurs et surtout l'Autorité. Elle fut d'ailleurs toujours pour l'autorité un appui et un secours; elle la servait avec droiture, simplicité et affection.

Son cœur dictait toutes ses démarches. Jamais sur ses lèvres cette banale excuse : je n'y ai pas pensé. Elle pensait à tout ce qui intéressait le prochain, parce qu'elle aimait dans la charité du Christ. Les plus minimes circonstances lui étaient une occasion de témoigner son affectueux dévouement, toujours en éveil.

Une de ses sœurs aurait reçu son obédience pour une maison de province : « Oh! surtout, insista Mlle Thérèse-Marie, avec un ton touchant, ne partez pas sans être venue m'embrasser. Cela m'avait fait du bien, ajoute l'intéressée, et je ne l'ai jamais oublié. Et cette bonne affection fraternelle bien des fois, dans le cours de la vie, elle me l'a fait sentir. »

Une autre devait sortir pour des achats personnels; la bonne Mlle Thérèse-Marie dit à la sœur auxiliaire qui devait l'accompagner : « Allez vous-même demander à l'économe l'argent nécessaire, afin d'éviter à cette personne une démarche qui pourrait la gêner. »

Une bonté si délicate lui gagnait les cœurs. Et son départ pour un monde meilleur laissa des regrets unanimes dans sa famille adoptive.

Laissons parler les témoignages de la reconnaissance; ils seront les plus éloquents des commentaires : » Vraiment sa mort est un deuil pour chacune de nous. J'avais une confiance d'enfant pour Mlle Thérèse-Marie et j'ai toujours trouvé en elle une conseillère et une amie. »

« Pendant les années que nous avons passées ensemble, nos rapports ont toujours été des plus cordiaux; elle fut toujours très bonne pour moi, et quand l'épreuve vint m'atteindre, m'enlevant à la maison que j'aimais, à un âge où on ne s'acclimate plus ailleurs, elle comprit l'étendue de mon sacrifice, sut y compatir et se montra affectueuse comme une véritable amie. Je ne l'oublierai jamais. »

« ... Je l'aimais, affirme une autre, j'allais dire particulièrement. Et pourquoi pas? Elle a été si bonne pour moi. Dans une circonstance singulièrement douloureuse, au moment de la mort de mon père, elle a été d'une délicatesse si maternelle que je lui en suis reconnaissante. On pouvait tout lui dire. Qu'elle a dû souffrir pour si bien comprendre la souffrance des autres ». Oui, dès son enfance elle a souffert. Dans une lettre à son frère, au 44e anniversaire de son arrivée dans la vallée des larmes, elle retrace dans un langage singulièrement expressif ce que la vie a été pour elle « une longue suite d'épreuves, d'épreuves de toute nature et d'une violence telle, à certains moment. que je me demande comment j'y ai résisté. Heureux celui qui porte sa croix avec résignation, dans ce cas, elle sanctifie ».

« Ma vie me produit l'effet d'un de ces torrents de nos montagnes qui se précipitent avec fracas du sommet des rochers, se creusent un lit profond au milieu des gorges sauvages, arrivent ainsi dans la plaine où ils se perdent dans le fleuve qui les reçoit, n'ayant rien fertilisé de soi... Je ne puis penser à notre chère maman sans pleurer... Que de larmes j'ai répandues cette année, je me demande comment je puis pleurer encore; je me contente de pleurer auprès de Notre-Seigneur. On ne peut, en communauté, imposer sa souffrance aux autres... Mon Dieu, que votre volonté soit faite. Je ne demande pas autre chose que la force de l'accomplir et de l'accepter avec soumission (1). » Recueillons encore ce cri de

(1) C'était l'année de la mort du fils aîné Fritz. Lettre du 9 août 1901.

tristesse : « Combien j'avais hâte de venir à vous pour épancher mon pauvre cœur brisé, broyé par la douleur... Ce que je souffre ne se comprend pas, chacun a une manière particulière de sentir ses peines, et Dieu seul sait ce qui se passe dans une âme étreinte sous le poids de la croix... Il faut vivre seule avec Dieu; quand on comprend son langage c'est bien, quand sa parole reste mystérieuse, la pauvre âme est bien à plaindre. Depuis Pâques, une recrudescence de souffrance s'est emparée de moi; il y a des heures lourdes et pénibles; par moment, la douleur m'étreint et m'étouffe. Je vois sans cesse maman. Glady, Marie, les enfants enveloppés de crêpe; je sens, malgré la distance, toute leur peine peser sur moi... Priez beaucoup pour moi, j'ai des peines personnelles qui ajoutent leur amertume à celle que je partage avec vous (1). »

Ainsi, d'après son propre aveu, Mlle Thérèse-Marie a traversé bien des épreuves et son âme, façonnée par la croix, comprenait tous ceux qui lui confiaient leurs peines.

Rivée à la croix, elle aura toutes les compassions; le regard fixé sur le ciel illuminé de toutes les clartés de la foi, elle éclairera du sens surnaturel les obscurités du chemin. Elle était bonne pour tous. Avec la plus grande discrétion, elle savait témoigner son affectueux intérêt pour les joies et les tristesses de chacune; elle demandait des nou-

(1) Lettre du 11 avril 1901.

velles avec ce bon sourire qui ouvrait les cœurs; elle encourageait, elle consolait, et on ne la quittait jamais sans un mot de pieux réconfort.

Les jeunes subissaient sans effort l'ascendant de cette ancienne religieuse, si indulgente à leur inexpérience et d'un conseil si sûr. Les nouvelles arrivées, quelque peu dépaysées dans la ruche débordante d'activité de la Tour, lui confiaient leurs difficultés. Après les avoir maternellement écoutées, Mlle Thérèse-Marie les éclairait sur leurs devoirs, et relevait leur énergie. Les étrangères étaient l'objet d'une particulière sollicitude. « L'acclimatation était dure, écrit l'une d'elles, Mlle Thérèse Marie sut l'adoucir. Le souvenir de la Patrie mouillait parfois mes yeux, ensemble, nous y passions quelques instants; puis, avec bonté elle me ramenait vers ce pays du bon Dieu où j'avais été transplantée. »

« ... Mon jugement de jeune ne savait pas toujours faire la part des choses... Avec une condescendance douce et affectueuse, elle me remettait dans la voie juste. »

Ici encore, les témoignages abondent de la reconnaissance des débutantes pour la chère Mlle Thérèse-Marie. « Je ne pourrai jamais oublier son accueil (à mon arrivée), ses multiples bontés, ses derniers conseils... »

Qui n'a jamais eu recours à elle sans se sentir réconfortée, encouragée... L'une de ces débutantes, touchée de l'affection dont on l'avait entourée, en exprimait sa gratitude. « Oh!

reprit Mlle Thérèse-Marie, se faisant l'interprète de toutes, chez nous, on aime les jeunes qui arrivent et les vieux qui partent. »

Désireuse de former des caractères énergiques, d'une piété solide, elle leur apprenait à ne point s'appuyer sur un enthousiasme éphémère, mais sur une foi ferme qui sert le Dieu des Consolations, alors que s'évanouissent les Consolations de Dieu. Cet amour du devoir, elle en voulait pétrir l'âme des élèves. « Avant tout, par-dessus tout, attachez-les au Devoir. » La discipline lui tenait à cœur. A une jeune maîtresse qui lui confessait ses difficultés à cet égard : « Ah! je vous en prie, maintenez la discipline, tenez-y. » Ces chères enfants, sa vie entière leur fut consacrée jusqu'à l'épuisement total de ses forces. Elle les aimait d'une affection toute surnaturelle, avec un faible toutefois pour les plus difficiles. Elle savait d'expérience que les natures impétueuses, qui se plient avec peine au joug d'un règlement scolaire, deviennent souvent, dans l'avenir, des âmes trempées tout à leur devoir. Elle les excusait, les défendait au besoin et priait pour elles.

Très intéressée à toutes les études, cette excellente chrétienne plaçait en première ligne et par-dessus tout la science sacrée. Elle devenait éloquente pour convaincre les élèves de la valeur de l'instruction religieuse, la seule vraiment nécessaire; les autres, utiles, sans doute, ne sont rien en comparaison du catéchisme... « Dieu nous demandera compte de votre foi, non seulement de ce que vous savez, mais de ce que vous pourriez savoir, vu l'éducation que vous recevez. »

Les succès aux examens de l'Archevêché lui étaient, chaque année, l'occasion d'une joie très sincère. Et elle insistait auprès des maîtresses de classe sur la nécessité de l'Instruction religieuse, comme aussi sur le devoir primordial de former leurs élèves à une piété solide, sans mièvrerie. « Faites-en des âmes paroissiales, attachées à leur église; qu'elles la fréquentent, assistent aux offices, plutôt que de se rendre dans de petites chapelles sous prétexte de plus de recueillement. Elles seront ainsi d'un bon exemple et de vraies catholiques. »

Rien, dans le domaine de l'instruction, ne laissait indifférente cette parfaite éducatrice. Elle fixait les incertitudes. « C'est à son grand bon sens, écrit une ancienne, que je suis redevable d'avoir repris mes études secondaires, abandonnées sous prétexte de santé... ou mieux, pour me donner plus librement aux arts (1). »

Cependant, elle ne voyait pas, sans une certaine appréhension, les jeunes filles aborder la philosophie. Elle redoutait le danger de certaines doctrines subversives, de là, son insistance pour assurer, par tous les moyens, une formation religieuse très approfondie. Elle se souvenait, la pieuse institutrice, des

(1) Cette ancienne élève est aujourd'hui licenciée.

confidences reçues autrefois, alors qu'elle était infirmière à la rue de Reuilly. Des mères venaient, auprès d'elle, pleurer la foi perdue de leur fils. « Mon enfant était bon chrétien, disait l'une de ces pauvres mères au milieu de ses larmes; toutes ses croyances ont fait naufrage en philosophie; il ne pratique plus. » Essentiellement droite et pondérée, Mlle Thérèse-Marie mettait toute chose à sa place. Soucieuse de maintenir très vivante la notion de la famille, dans l'esprit et le cœur de ses élèves, elle profitait de toutes les occasions pour leur dire que la famille est notre milieu naturel, que nous devons respecter l'ordre établi par Dieu, et chérir, avant tout, les auteurs de nos jours et les membres du foyer domestique. Une jeune personne lui parlait de son attrait pour la vie religieuse. La prudente conseillère l'engageait à ne pas brûler les étapes; et, son sacrifice consommé, à garder avec les siens les rapports les plus affectueux.

Sur ce point, comme sur tant d'autres, Mlle Thérèse-Marie prêchait d'exemple. Son amour de Dieu, son détachement surnaturel n'entravait en rien ses amitiés. Une très proche parente écrivait après sa mort : « Elle était si bonne, elle s'unissait à toutes nos joies, à toutes nos peines. »

Et ce mot d'une cousine : « Dans tous nos deuils, elle était toujours si empressée à me consoler par ses excellentes lettres, dont elle possédait le secret, son cœur d'or lui faisait partager les peines d'autrui, comme si elles avaient été les siennes propres. »

Les joies de la famille étaient ses propres joies. Elle écrit à l'occasion d'un mariage :

14 avril 1909.

Mon cher frère et ma chère sœur,

« Voici le jour que le Seigneur a fait », chante l'Eglise au matin de Pâques, à l'aurore de cette fête toute de joie et d'allégresse; voici aussi le jour que le Seigneur a fait pour vous. Tout est bonheur et allégresse dans vos cœurs; l'avenir est rempli des plus belles espérances, comme l'est à l'heure présente, votre vie débordante des plus légitimes satisfactions. Vous connaissez aujourd'hui une vie nouvelle, dont vous comprenez tous les deux les saintes et nobles obligations, comme aussi vous en pressentez d'avance le vrai bonheur que Dieu vous y prépare. »

Elle ajoutait, s'adressant à sa future belle-sœur :

« Quand ceux que nous recevons sont, comme vous l'êtes, une sœur et une amie c'est alors que nous leur ouvrons nos bras et nos cœurs. La femme de notre frère, toujours si bon, si dévoué est une sœur de plus que la Providence nous donne; c'est de tout notre cœur, débordant de reconnaissance, que nous lui rendons grâce.

« Loin de vous par la distance, je suis bien au milieu de vous; je demande à N.S. de répandre sur vous ses meilleures bénédictions...

« Une messe a été dite ce matin ici, pour vous; ma communion à vos intentions.

« Votre sœur dévouée, heureuse de votre bonheur.

(signé) : Thérèse-Marie.

A une jeune sœur qui se disposait à écrire à son frère à l'occasion d'un événement de famille. « Oh oui! lui dit d'un ton persuasif Mlle Thérèse-Marie, écrivez-lui, il ne faut pas qu'on puisse dire que les religieuses ont le cœur dur. »

Nous pourrions citer bien des lettres touchantes dans lesquelles sa tendresse, inspirée d'une foi profonde, pleurait avec les affligés et se réjouissait avec les heureux.

D'ailleurs, nous avons vu sa douleur à chacun des départs pour un monde meilleur des membres de sa famille; ses larmes nous ont révélé la richesse d'affection de cette femme d'élite. Revenons à la Tour.

Sa rectitude dans l'accomplissement de ses devoirs quotidiens était une leçon permanente pour les jeunes générations qui, tour à tour, ont profité des bons exemples d'une vie si pleine.

Une ancienne, aujourd'hui religieuse, a pu écrire après sa mort : « Elle a été une des lumières qui ont éclairé mon idéal, lorsque j'étais élève. »

CHAPITRE XIII

Rayonnement de son influence.
L'Amie des pauvres.

Les différentes charges occupées par Mlle Thérèse-Marie et les fonctions de dame de loge qu'elle remplit à diverses reprises l'avaient mise en rapports fréquents avec les parents, les mères surtout des élèves. Les personnes du monde se sentaient captivées par ses qualités intellectuelles et morales que rendaient plus prenant son accueil affable et sa conversation aisée. Bientôt l'attirance s'épanouissait en une amitié sincère et confiante, et bien des cœurs incertains venaient dans leur détresse à cette femme modeste qui possédait à un degré éminent le don de conseil. Son jugement droit et sain lui donnait une compréhension exacte des choses de la vie. Les épreuves jalonnées sur sa route déjà longue lui avaient façonné un cœur compatissant; rien ne l'étonnait, rien ne l'offusquait.

Avec une patience infinie, elle écoutait toutes les plaintes, comprenait toutes les peines, partageait toutes les douleurs, et savait, avec un tact parfait, apaiser et consoler toujours.

Des dames du monde, dans des épanchements pleins d'abandon, l'introduisaient dans leur foyer désolé. Elles lui narraient ces souffrances intimes que l'on ne soupçonne pas, lui confiaient leurs inquiétudes pour des âmes chères, parfois même leurs propres angoisses de conscience. « Elle était pour moi, déclare l'une d'elles, plus qu'un confesseur. » « Elle seule pourrait dire ce qu'elle a été pour moi, écrit une mère qu'elle a souvent *consolée*; l'âme sûre à qui l'on ouvre son cœur tout grand, que la vie nous force souvent à délaisser, à ne pas aller voir autant qu'on le voudrait, et qui, comme le bon Dieu, vous attend sans reproche et vous accueille toujours avec un sourire de bonté. Nous pleurons sur nous-mêmes en la regrettant, car elle a reçu la récompense de cette vie sainte, si charitable, si compatissante aux autres. Bien que n'ayant pas connu le monde, elle en comprenait toutes les difficultés et toutes les déceptions. Il faudrait des pages pour relater toutes les délicatesses de son cœur, que j'ai connues... »

Plus vif encore, plus douloureux peut-être, sont les regrets exprimés dans les lignes suivantes :

« C'était une mère pour mes enfants et pour moi. C'est une mère que je pleure, en comprenant mieux, tous les jours, le vide qu'elle a laissé dans ma vie. Très affectueuse toujours, je trouvais près de cette amie incomparable un calme et un réconfort extraordinaire dans mes cruelles épreuves; je ne l'ai jamais quittée sans me sentir plus vaillante. Elle savait communiquer la force et le courage, et faire envisager les peines les plus grandes avec calme et confiance. J'admirais souvent comment cette sainte religieuse, si détachée du monde, savait cependant en comprendre toutes les exigences.

« Je la trouvais très indulgente, mais intransigeante dans ce qu'elle jugeait être le devoir.

« Son jugement était si sûr, si éclairé que je me laissais guider par elle, comme une enfant, et jamais je n'ai regretté d'avoir suivi ses conseils. »

Avec la même bienveillance, la même bonne grâce, elle accueillait l'humble marchande des Halles et la petite ouvrière; c'étaient à ses yeux des âmes, toutes également précieuses.

C... lancée très tôt dans la vie d'atelier fut l'objet particulier de sa sollicitude. Après avoir retracé tout ce qu'elle a trouvé de lumière, de paix, de réconfort auprès de Mlle Thérèse-Marie, dans ses difficultés multiples, elle résume, dans une parole admirative, sa reconnaissance émue : « Elle était merveilleuse. » Il est vrai qu'elle avait pour cette enfant des intuitions de mère. Au mois de juillet 1914, elle mit tout en œuvre pour qu'elle allât faire un séjour en Suisse, dans la famille de son père. Quand la guerre éclata, elle dit avec bonheur : « Je suis contente de la savoir en sûreté. »

En août 1927, sa bonne protectrice put l'envoyer à Lourdes avec le pèlerinage des Bernadettes. C... en revint plus chrétienne, plus aimante pour Jésus et Marie.

Les intérêts matériels, les embarras financiers trouvaient un écho auprès de cette ancienne religieuse si parfaitement détachée de tout pour elle-même; elle s'identifiait aux soucis des anciennes élèves. « Eh bien! telle affaire où en est-elle? Et votre fils? Et votre fille? Vos projets se réalisent-ils? » Et chacun s'étonnait qu'une éducatrice, tout entière aux devoirs de sa vocation, eût une telle expérience des réalités de la terre et fût si miséricordieuse à la faiblesse humaine, si compatissante aux grandes tristesses d'un monde que l'on croit heureux. C'est qu'aux leçons de la souffrance elle joignait un sens chrétien qui envisageait tout événement au point de vue de la foi. Elle vivait dans la lumière de Dieu. Et Dieu n'est-il pas tout amour et toute compassion?

Qu'on nous pardonne de ne pas laisser dans l'ombre un trait qui prouve l'influence bienfaisante de cette grande chrétienne sur les pères des élèves eux-mêmes.

Une mère de famille désirait vivement mettre ses filles pensionnaires à la Tour. Tel n'était pas l'avis de son mari; il se décide néanmoins à visiter la maison si vantée; il est reçu comme l'avait été sa femme par

Mlle Thérèse-Marie. Laissons la parole à Mme X... : « Son affabilité, sa fine psychologie eurent raison, en un instant, des préventions paternelles. Elle a été ainsi le bon instrument de l'entrée de mes filles à la Tour; nous aimions à rappeler ensemble cette première et décisive entrevue, dont mon mari dit encore, moitié riant, moitié sérieux : « Ce jour-là j'ai été battu et Mlle Thérèse-Marie, avec son sourire, sa bonne grâce m'a eu à fond; elle a fait vibrer les cordes sensibles et j'ai dû céder. »

Faut-il ajouter qu'elle avait, pour son frère, des conseils d'une haute sagesse :

« Vous avez l'occasion de faire du bien aux âmes, profitez-en largement. C'est surtout au confessionnal que le prêtre exerce son ministère de charité; là, seul sous le regard de Dieu, loin de toute influence humaine, il pénètre dans le cœur qui s'ouvre à lui; il le fait s'épanouir et se donner à Jésus. Il panse les blessures, il guérit les plaies, il porte la lumière dans les plis les plus cachés; il donne du courage aux faibles, une sainte audace aux pusillanimes. Que d'âmes doivent leur persévérance, leur progrès dans le bien, à la patience de leur directeur. Si dans ce cœur-à-cœur du prêtre et du pécheur, il manque, d'un côté l'oubli de soi, et de l'autre, la confiance la plus absolue, rien ne s'opère dans le domaine de la grâce. Il faut du courage pour avouer à son confesseur, non pas tant ses faiblesses que ses aspirations vers le bien; croyez au bien qui gît inerte, il est vrai, mais qui n'en est pas moins réel au fond de toute âme qui veut être à Dieu. Ce qui nous manque souvent, c'est la confiance en la force morale qui réside en nous. On veut être à son devoir et la nature mauvaise l'emportant souvent sur les aspirations les plus élevées, on retombe sur soi-même de tout son poids. C'est dans ces moments surtout qu'on a besoin *d'un père* : soyez *une mère* pour vos enfants. »

L'humble sœur s'étonne de sa hardiesse à conseiller un ministre du Seigneur; elle s'en excuse et s'en explique.

« Pardonnez-moi mon langage; c'est intervertir l'ordre des choses que de parler ainsi; mais au sentiment de profonde admiration que m'inspire votre caractère sacerdotal, de pieuse confiance que m'inspire votre sagesse, il s'en joint un troisième que les deux premiers sembleraient devoir exclure, celui d'une affection simple. Je vous aime comme une mère plutôt que comme une sœur, et, à ce titre, vous me pardonnerez mon langage maternel (1). »

Dans une autre lettre, elle revient sur ce sujet qui lui tient à cœur : « Vous avez raison de croire que je prie beaucoup pour vous; je demande surtout que vous soyez un directeur tel que saint François de Sales le souhaitait à ses filles. Que c'est précieux et rare un bon directeur; que l'on rencontre difficilement une âme qui comprenne une autre âme, à laquelle

(1) Lettre du 29 décembre 1900.

on puisse s'ouvrir complètement sur le bien et sur le mal qui, tour à tour, sont victorieux et sans cesse en lutte. Il faut savoir beaucoup écouter, savoir trouver, sous des apparences souvent condamnables, le désir d'arriver à Dieu, et donner le moyen d'arriver à ce but, malgré les obscurités profondes, au milieu desquelles il faut cheminer. »

Très avertie des besoins de l'âme, Mlle Thérèse-Marie était également compatissante à toutes les détresses matérielles; et les pauvres, ces membres souffrants du Sauveur, étaient ses privilégiés. Nous l'avons vu dans le monde les visiter et les aider dans la mesure de ses moyens. Au couvent, dès que ses emplois lui permirent quelque initiative, elle s'employa, selon les règles de l'obéissance, à soulager les malheureux. Pendant qu'elle était économe à Toulon, quelqu'un lui propose un secours de charité! Elle répond : « Votre offre généreuse tombe très bien, je viens de faire la connaissance d'une famille tombée dans la plus affreuse misère. Le père se meurt à l'hospice, la mère reste avec trois enfants, dont l'aîné a huit ans, il ne va pas à l'école et court toute la journée. Il a cependant un certain fond de piété puisqu'il veut aller à l'école pour faire sa première communion... Il est urgent de l'enlever de la rue. Je compte envoyer lundi la concierge présenter au directeur ces deux enfants pour lesquels arrive à propos votre aumône. C'est pour moi une réelle préoccupation que celle de ces pauvres enfants voués à l'ignorance la plus complète et condamnés à une vie si abrutissante. » La petite somme arrivée, toutes choses organisées, la bonne économe exprime sa reconnaissance : « Avant tout merci pour vos vingt francs, *ils me procurent la meilleure des jouissances, celle de faire un peu de bien.* Je suis si contente d'arracher à la rue ces deux enfants dont je vous ai parlé. Les Frères n'en sont pas mécontents ».

C'est à la Tour surtout qu'il lui fut accordé de donner libre cours à la générosité de son cœur. Elle allait aux malheureux avec une affection de mère. Aux secours matériels, elle ajoutait l'appui moral : en soulageant les corps, c'était les âmes qu'elle visait. Elle relevait leur courage, ranimait leur confiance, parfois les ramenait à Dieu.

En 1911, des travaux de construction exigèrent la percée d'une trouée dans un mur mitoyen du pensionnat pour le passage des matériaux. La Tour entra ainsi en relation avec une famille de concierge : le père, la mère et trois enfants dont l'un chétif, souvent malade, passait sa vie dans un triste réduit. Mlle Thérèse-Marie s'intéressa vivement à ce pauvre petit; elle demanda que, chaque jour, on lui apportât de la cuisine une bonne soupe chaude. Elle le fit venir et entreprit son éducation religieuse : « Sais-tu qui est le bon Dieu? » interrogea la pieuse institutrice. — « C'est, répondit l'élève, quelqu'un qui est en l'air et qui nous fait du bien ». Les leçons continuèrent, visiblement bénies du ciel et couronnées par la première communion fervente du petit. Alité pendant des mois, l'enfant souffrit en chrétien, fortifié, consolé par la divine Eucharistie que lui portait souvent M. l'Aumônier. Il mourut en prédestiné, assisté encore par le bon abbé D. La mère, depuis sa rencontre avec Mlle Thérèse-Marie, venait lui conter ses peines quotidiennes, les luttes de son âme pressurée par la croix et près de sombrer dans un acte de désespoir. De son autorité douce et ferme, la confidente l'arrêtait sur la pente. « Je vous défends d'y penser. » Le confiant abandon se continua, sans nuage, jusqu'à la mort de Mlle Thérèse-Marie, qu'elle pleura de toute son âme désemparée. « Ah! j'ai perdu ma mère, une vraie mère. Que de bons conseils elle m'a prodigués. Que de faux pas elle a redressés dans ma vie. Dans les heures de découragement, elle me montrait mon devoir, elle me parlait avec tant de bonté et une si grande justesse, que je me disais : Cette femme est une sainte, je dois suivre ses avis. Un jour, je me présentai devant elle, un peu décolletée et les bras nus; elle m'a reprise avec énergie et m'a fait si bien comprendre mes torts que, toute honteuse, je n'ai jamais plus recommencé. »

Mlle Thérèse-Marie fut également, pendant de longues années, la providence visible d'une pauvre grand'mère, revendeuse de légumes aux Halles. Poursuivie par une série d'épreuves, elle avait recueilli ses petits-enfants orphelins. La misère et la maladie régnaient au foyer; le sombre désespoir gagnait la malheureuse femme, quand la Bonté divine plaça sur son chemin Mlle Thérèse-Marie. La bonne pourvoyeuse la réconforta, lui fit obtenir les secours les plus urgents et la ramena aux pratiques de la vie chrétienne. Plus tard, la Division Bleue adopta cette intéressante famille (1) et, pendant que la grand'mère recueillait les aumônes mensuelles, elle répétait aux enfants : « C'est Mlle Thérèse-Marie qui m'a sauvée, sans elle, je ne sais pas ce que je serais devenue. » Qu'elle était touchante, cette humble femme du peuple dans l'expression de sa reconnaissance, auprès de la couche funèbre de sa bienfaitrice! Elle baisait en pleurant ses mains glacées par la mort : « O ma mère, je ne vous verrai plus. » Elle épanchait sa douleur en regrets amers : « Depuis vingt ans, j'allais à elle, je lui disais tout, elle lisait dans mon âme mieux qu'un Directeur; que de fois elle m'a relevée du découragement. Après l'avoir entendue, je courais à mon devoir qui n'était plus lourd. » Et de son cœur montait ce cri d'admiration, recueilli également sur d'autres lèvres : « C'é-

(1) Chaque classe de la Tour adopte une famille pauvre qui vient, une fois par mois, recevoir une riche aumône : vêtements, denrées, jouets pour les petits : Comme les élèves sont nombreuses et qu'elles donnent généreusement, c'est pour les indigents un secours précieux. On a vu figurer dans les dons jusqu'à la dinde ou l'oie de Noël.

tait une sainte, on ne pouvait résister à sa parole! »

Un an avant sa mort, Mlle Thérèse-Marie voulut, malgré la difficulté de sa marche, saluer la nouvelle famille adoptée par la seconde classe et encourager la jeune maman par un mot du cœur.

Son visage s'épanouissait quand on la gratifiait de quelques dons pour les pauvres. Pour eux, elle n'était jamais assez pourvue. Quelqu'un s'extasiait devant une armoire garnie d'objets pour ses chers protégés : « Oh! que de choses! » — « Hélas! reprit Mlle Thérèse-Marie, c'est bien peu pour répondre aux besoins qui se multiplient... C'est navrant! » Cet amour de l'aumône lui faisait dire, en octobre 1927, devant une misère qui l'émeut : « Hélas! je ne puis plus lui porter secours! » Il ne lui suffisait pas de vêtir l'indigent, elle souhaitait lui procurer quelques joies, un repos agréable et salutaire : « N'oubliez pas mes pauvres enfants, intéressez à leur sort un de vos nombreux amis; je voudrais, vous le savez, les envoyer à la mer pour un mois; la santé est un si grand bien, elle est la fortune du pauvre (1). »

Sa charité lui valait, à l'époque du jour de l'an, de belles cartes illustrées dans un style des plus fantaisistes :

(1) Lettre du 1er mars 1913.

Chère Bienfaitrice,

« Je vous envoie mes vœux de bonne année, ainsi *qua* la demoiselle.

« Recevez, chère Bienfaitrice, ma *saincaire reconaicance* (sic). »

Mlle Thérèse-Marie était l'amie généreuse des familles des auxiliaires; elle les connaissait toutes, s'enquérait affectueusement de leurs besoins, les meilleurs dons remis entre ses mains étaient pour elles. La distance n'était pas un obstacle à ses secours. Deux fois par an, de grands colis s'en allaient, à travers les Alpes, porter un peu d'aisance et de réconfort chez les neveux et les petits-neveux. « Chacun avait sa part, raconte une maman, mes dix enfants n'ont jamais manqué de rien, grâce aux libéralités de Mlle Thérèse-Marie. Elle semblait deviner ce qu'il fallait pour chacun, si bien les vêtements s'adaptaient à la taille et aux nécessités de tous. » Une peine venait-elle assombrir cette vie familiale, des lettres tout imprégnées d'aimable et forte charité relevaient les courages, faisaient luire au foyer attristé un rayon de soleil.

Elle suivait avec un intérêt tout maternel les frères et sœurs de ses chères auxiliaires, elle se réjouissait de leurs succès, et c'était avec un réel bonheur qu'elle voyait l'un ou l'autre diriger ses pas vers le sanctuaire et parvenir aux joies de la profession religieuse.

Si quelques parents de ces bonnes auxiliaires les visitaient dans la grande ville de

Paris. Mlle Thérèse-Marie les accueillait avec bonté; elle faisait exercer à leur égard « les lois de l'hospitalité suisse, si franche, si cordiale, si libérale ».

Les yeux toujours fixés vers le surnaturel, Mlle Thérèse-Marie désirait allumer un peu d'enthousiasme religieux dans les âmes peu coutumières du beau. Et, pour éveiller l'idéal chrétien dans les jeunes de la classe laborieuse, elle rêvait pour eux d'un pèlerinage à Lourdes. Les élèves de l'institution Sainte-Marie entrèrent généreusement dans ses vues. ils enrôlèrent dans « la Fraternelle » quelques enfants peu fortunés qui purent aller à Lourdes. Ce fut une des dernières joies de l'amie des pauvres.

Avant de mourir, elle fit promettre à une maîtresse de classe de la Tour d'obtenir de ses élèves, l'année suivante, le prix d'un voyage vers la grotte bénie pour la fille d'une de ses assistées. « Car, ajouta la charitable solliciteuse, c'est surtout pour le bien moral qu'en recueillera la petite L... »

Ainsi l'influence bienfaisante de Mlle Thérèse-Marie s'étendait au delà de la tombe.

Sa mémoire, vraiment, est en bénédiction.

Le 12 juin 1924, une dépêche annonçait la mort subite de Mlle Marie de Courten, dont la vie n'avait été qu'un long dévouement aux siens. Le samedi 7, elle s'était confessée; le lendemain, en la fête de la Pentecôte, elle avait fait la sainte communion. Le mardi, elle passa une partie de la matinée à l'église devant le Saint-Sacrement exposé. Le jeudi matin, on la trouva inanimée dans son lit, son chapelet entre les mains.

Encore un deuil pour la bonne Mlle Thérèse-Marie, encore un membre plus jeune de la famille, une sœur aimée qui la précède dans la Patrie céleste.

CHAPITRE XIV

Le Calvaire. — La Délivrance.

L'heure allait sonner pour l'humble servante du Seigneur de suivre le Maître dans la voie douloureuse où Il a coutume de convier ses fidèles, pour les purifier, les sanctifier par une participation plus intime à sa Croix. Le dimanche de la Passion, le 29 mars 1925, Mère Thérèse-Marie fut prise, à son lever, de douleurs aiguës dans les membres. L'infirmière la trouva impuissante, pliée en deux. « Je souffre... je ne puis me tenir droite. » On l'habilla avec peine, et elle put se rendre à la messe. Et, chaque matin, c'était, portée plutôt que soutenue par deux personnes, qu'elle descendait à la chapelle, pour assister à l'auguste sacrifice; et, péniblement, elle se traînait à la Sainte-Table. Elle continua jusqu'à l'extrême limite ce pénible effort. A la proposition de lui apporter la sainte communion dans sa chambre, concession largement autorisée par son infirmité, elle répondait par un refus catégorique : « C'est à moi d'aller vers Lui. »

On crut à des rhumatismes; les beaux jours

qui ramenèrent une amélioration, semblèrent donner raison à ce diagnostic... Ce n'était qu'un mieux passager, l'usure minait la malade; la faiblesse, conséquence de ses maux d'estomac, impitoyablement traités par la diète, gagnait les muscles devenus douloureux. Peu à peu, lentement, les jambes refusèrent leur service et les bras décharnés faisaient pitié! Des congestions pulmonaires achevaient l'œuvre de destruction.

Toujours énergique, dure à elle-même, Mère Thérèse-Marie, dès qu'elle était mieux, reprenait la tâche à l'œuvre commune; et, d'une façon assez régulière, se rendait utile aux classes : elle gardait en études, assistait aux cours des professeurs, présidait quelques examens, corrigeait des compositions. Les élèves rivalisaient d'empressement pour l'aider à circuler, c'était à qui lui offrirait son bras. Et l'on rencontrait la bonne Mère Thérèse-Marie, soutenue par une grande ou appuyée sur une petite: les « Roses », en effet, n'étaient pas les dernières à lui porter secours. Comme elle prenait ses repas dans leur réfectoire, ces bonnes enfants avaient pour la chère infirme des attentions spontanées d'une délicatesse exquise : elles lui présentaient leurs épaules pour soutenir ses pas chancelants, plaçaient un tabouret sous ses pieds; elles allaient jusqu'à lui enlever son assiette avant qu'elle eût fini, dans la crainte d'être devancée l'une par l'autre. Mère Thérèse-Marie, touchée de tant de gentillesses, aimait à quitter la table avec le concours de deux d'entre elles; une troisième portait sa canne, les autres suivaient : c'était un charmant cortège de charité. La faveur de ces services était le prix de généreux efforts, parfois de toute une matinée de sagesse. A la prière de l'offrande de la journée, quand la maîtresse ajoutait quelques intentions, ces bonnes petites réclamaient : « Pour les jambes de Mlle Thérèse-Marie! »

Mais les jambes ne s'amélioraient pas. Et la malade, dans une lettre du 22 avril 1926, confiait à une amie son état de santé : « Je souffre autant de mes jambes et ne peux marcher sans l'aide d'un bras. Je ne suis guère mêlée au mouvement de la maison, je ne puis m'y associer que par la prière et la souffrance. »

Et elle se livrait amoureusement au bon vouloir divin :

« Mon divin Sauveur, vivant au très saint Sacrement par votre présence eucharistique; et, dans mon cœur par votre grâce, je l'espère, sous la protection de Notre-Dame de la Merci (1) et de saint Joseph, je prends la résolution de m'abandonner à votre miséricorde, d'accepter avec résignation, amour et douceur ma situation si humiliée, si effacée. Lorsque l'anxiété montera dans mon âme, je regarderai mon Crucifix, et je ferai tous mes efforts

(1) L'Église, comme on le sait, célèbre, le 24 septembre, la fête de Notre-Dame de la Merci.

pour ne me plaindre de personne ni de rien. Je dois donner le bon exemple et inspirer aux jeunes sœurs et aux enfants l'estime de la règle, l'esprit de sainte Clotilde, en me montrant telle qu'étaient nos vénérées Mères.

« Cœur sacré de Jésus, j'ai confiance en vous. Notre-Dame du Bon Conseil, inspirez-moi.

« Saint Joseph, mon puissant protecteur, soutenez-moi dans ma dernière mission par l'apostolat de l'exemple rendu possible par la prière et l'union au Sacré-Cœur.

Signé : Thérèse-Marie.

24 septembre 1928.

A-t-elle été fidèle à cette suprême mission de l'apostolat par l'exemple? Tous ceux qui ont approché Mère Thérèse-Marie dans son ultime étape peuvent l'affirmer. Ce fut une ascension ininterrompue vers une vie plus unie à Dieu, plus surnaturelle, plus détachée, ascension singulièrement féconde, parce que douloureuse. Plus que jamais, on allait à elle d'abandon, assuré d'être bien accueilli, pendant la recrudescence de son mal qui la retenait dans sa chambre. Son aspect seul était une prédication. On sentait, en l'abordant, une personne dure à elle-même. Elle se contenta longtemps d'une chaise, alors qu'un fauteuil l'eût soulagée; elle refusait les coussins qu'on lui offrait, elle ne se plaignait jamais. Sa personne ne l'occupait guère: elle était tout entière à ses visiteurs parce que tout à Dieu.

Et on la quittait édifié toujours, consolé dans ses propres peines, encouragé pour les luttes de la vie... Visiblement Notre-Dame du Bon Conseil l'inspirait.

Dans les périodes d'accalmie, à moins d'une réelle impossibilité, elle était ponctuelle à tous les exercices communs, lui fallût-il près d'un quart d'heure pour descendre à la chapelle. Un religieux donnait-il une conférence, elle se rendait à la salle des réunions, insouciante des escaliers à franchir.

Le 12 juillet 1922 l'aimable vicomtesse de Ch... offrit à Mlle Thérèse-Marie une place dans son auto et la conduisit à la rue de Reuilly; c'était la dernière visite à la chère maison, mais elle ne put monter à l'infirmerie et fut privée de voir les malades. A la clôture de la retraite, elle reprend la résolution de l'année précédente, à la même date, 24 septembre 1927.

« Je renouvelle ma résolution d'accepter ma situation pénible et humiliée, j'ajoute celle de veiller sur ma susceptibilité.

« Je veux m'abandonner à Dieu avec soumission et confiance. Oraison jaculatoire : Jésus, doux et humble de cœur, rendez mon cœur semblable au vôtre. Notre-Dame du Bon Conseil, bon saint Joseph, sainte Thérèse, priez pour moi.

« Le ciel bientôt! je m'efforcerai de me montrer aimable pour n'être à charge à personne. »

Les soins intelligents, prodigués avec un

dévouement de toutes les heures, n'amenaient aucun soulagement; le mal allait s'aggravant toujours. Au mois d'octobre, on résolut d'installer la malade à l'infirmerie, séparée du bâtiment principal par la cour d'entrée. Ce changement lui fut très pénible. Elle prévoyait que le froid rendrait toute sortie impossible, et qu'il lui faudrait passer l'hiver, privée des offices divins et de la visite au Saint-Sacrement. Pendant le mois d'octobre, aidée par une charitable infirmière, partie bien avant l'heure, elle put assister, à peu près tous les jours, à la sainte messe. A la Toussaint, elle fut complètement arrêtée, une congestion pulmonaire accentua sa faiblesse. Quand elle se releva, ses jambes ne la soutenaient plus. Au prix de mille efforts, elle circulait encore dans le couloir, passant d'une pièce à l'autre. En décembre, ce fut l'immobilité complète. Ce fut alors la dépendance absolue avec ses conséquences humiliantes et pénibles. Avec quelle reconnaissance elle acceptait tous les soins. Pour le moindre service rendu, c'étaient des mercis réitérés. Elle avait encore la force de plaisanter avec une de ses infirmières, parisienne au caractère jovial. Pour l'ordinaire, elle parlait peu avec ses infirmières. Ame intérieure, elle s'entretenait avec Dieu dans de longs cœur à cœur.

Au moindre mouvement d'impatience, échappé à son douloureux état, elle s'accusait de manquer de vertu et demandait pardon du mauvais exemple qu'elle croyait avoir donné.

Quelques lignes d'une lettre nous révèlent la privation suprême de cette chrétienne : « Je ne sors plus de la chambre d'infirmerie; plus de messe, plus de visites à la chapelle. Dieu veuille vous garder d'une telle épreuve; elle est sanctifiante pourtant, puisque voulue par Dieu... (1). »

Sanctifiante, sans doute, mais combien douloureuse pour cette âme, si singulièrement éprise de l'Auguste sacrifice. C'était encore un pieux héritage de famille : « C'est à mes parents que je dois ma dévotion particulière à la sainte messe. Ils s'imposaient de réels sacrifices pour ne pas la manquer. Papa se levait de grand matin pour ne pas la manquer, les jours où il devait aller en voyage (2). »

« ... Je voudrais assister à la messe le jour de ma mort (3). »

Pendant la nuit de Noël, à la Tour, tandis que les maîtresses et les élèves réveillonnaient, Mlle Thérèse-Marie restait à la chapelle jusqu'à la fin de la troisième messe, ce qui ne l'empêchait pas d'en entendre une quatrième dans la matinée.

De sa chambre solitaire, installée dans un fauteuil auprès d'une fenêtre, dans la direction de la chapelle, son cœur pouvait facilement s'orienter vers le Tabernacle.

De cette fenêtre encore, elle suivait les en-

(1) Lettre du 28 mars 1928.
(2) Lettre du 9 mars 1920.
(3) Lettre à son frère, 27 juin 1914.

fants dans leurs évolutions. A la récréation de midi, leur *Ave Maria* récité au pied de la statue de Marie, les « Roses » accouraient sous la croisée et envoyaient à la chère Mlle Thérèse-Marie leur bonjour plein de grâce enfantine... Le jeudi et le dimanche, les grandes, en se rendant à la promenade et au retour, s'arrêtaient pour la saluer. Elle répondait d'un sourire et d'un signe amical de la main.

Les exercices de piété, scrupuleusement accomplis, remplissaient une partie de ses journées. Dans les dernières semaines, elle recourait à l'obligeance de ces demoiselles, des jeunes surtout, qui tenaient à honneur de servir de porte-voix à une âme de foi si unie à la volonté de Dieu.

Dès qu'une des habituées entrait à l'infirmerie, la malade, heureuse de n'avoir pas à parler, indiquait tout de suite les prières qu'elle désirait. Le chapelet, les litanies du Sacré-Cœur et la Consécration du genre humain de Léon XIII; les litanies de saint Joseph, et, si le temps le permettait, une Consécration au saint patriarche qu'elle avait inspirée à la Mère Saint-Vincent de Paul Bailly. Et, enfin, des *Ave Maria*. Le dimanche, elle ajoutait la sainte messe.

Elle n'abandonnait rien à la routine. Chaque heure de la journée était marquée d'une intention particulière à la gloire de Dieu, et au salut des âmes. Relevons quelques points seulement de cette pieuse industrie.

Dès 6 heures du matin, la troisième classe.

A 7 heures, pendant que la maison assistait à la sainte messe, elle se vouait à la réparation. De 8 à 9 appartenait aux élèves de Sainte Marie de la rue de Monceau... Et ainsi de suite jusqu'à 8 heures du soir, consacrée au soulagement des âmes du Purgatoire (1).

La lecture de la *Semaine Religieuse*, qu'elle avait toujours affectionnée, l'initiait au mouvement des paroisses. Débordant les limites du diocèse, *la Vie Catholique* apportait à cette « Fille de la sainte Eglise » un écho des joies, et aussi, hélas, des « épreuves » de sa Mère, l'épouse infaillible du Christ. Elle aimait cette feuille si romaine, suscitée de Dieu, semblait-il, à l'heure où le Saint-Père, indignement attaqué, allait avoir besoin de défenseurs intrépides et loyaux. Mlle Thérèse-Marie suivait avec tristesse certains débats, douloureux pour un cœur croyant. Elle souffrait du scandale donné par l'insoumission d'une élite française; et, dans sa foi profonde, elle s'étonnait : « Mais enfin, je n'y comprends rien... Rome a parlé, il n'y a plus rien à dire, nous avons la lumière! » Que pouvait-elle dans son infirmité? Prier et souffrir pour les égarés. Et ces souffrances allaient croissant. Elle confiait à une vieille amie : « Personne ne sait combien je souffre. »

En effet, on ne s'en doutait pas, à la voir si accueillante, avec son bon sourire.

Les anciennes élèves l'entouraient de mille aimables attentions qui la touchaient profon-

(1) Voir appendice.

dément. Son frère ému en écrivait à sa famille : « Comme c'est beau cet attachement des anciennes élèves de Sainte-Clotilde pour leurs maîtresses d'autrefois. » Il disait dans la même lettre : « Elle est très entourée, très visitée et admirablement soignée. Elle a toujours été bonne pour tous, et tous sont bons pour elle (1). »

Le corps s'affaiblissait; les membres s'atrophiaient, mais le cœur demeurait avec son ardente charité pour tous. Et son intelligence, toujours lucide, ne perdait rien de ce don de Conseil, de cette intuition des besoins de chacun qui avaient dominé dans cette vie toute à Dieu et aux âmes. Comme toujours, elle s'unissait aux joies et aux épreuves de ceux qu'elle avait aimés ou simplement cotoyés, au cours de sa longue existence. Deux mois avant sa mort, le 11 mars 1928, d'une écriture ferme et posée, elle félicite encore une jeune religieuse d'un succès d'examen.

« Vous connaissez assez mon affection pour ne pas douter de ma satisfaction de savoir vos travaux couronnés de succès. J'en suis heureuse pour plusieurs raisons : la principale est que vous y verrez une marque de la volonté de Dieu qui, vous appelant à travailler à son œuvre, vous en facilite les moyens, et vous met entre les mains les armes nécessaires pour le combat.

« Sans doute, cette possession d'un diplôme ne supprime pas, pour nous, toute souffrance,

(1) Lettre du 17 mai 1928.

toute lutte; il sera toujours vrai que nous sommes sur la route du bonheur, mais non en possession des joies parfaites. Le chemin du ciel est rude parfois; regardons toujours le Christ, notre Roi; en Lui, nous trouvons le modèle à réaliser, les instruments nécessaires à ce travail, la force et le courage de le mener à bonne fin...

« Nous devons toujours être des Porte-Christ, le rayonnant par notre bonté, notre donation entière à Celui qui veut être notre unique Maître. »

Elle ajoute en P. S. ces lignes affectueuses : « Donnez-moi de vos nouvelles, vous me ferez plaisir. Je vous porte devant Dieu un grand intérêt. »

Les humbles femmes qu'elle avait soulagées dans leurs détresses physiques et morales venaient la voir, elles aussi. Elles embrassaient, dans des élans de reconnaissance, ses mains si favorables aux petits. Mais pour cette âme qui s'en allait vers Dieu, y avait-il des petits? Non, tous lui étaient également chers, tous, des frères en Jésus, les rachetés de son sang adorable.

La famille de la Tour l'enveloppait d'affection. Les trois infirmières lui prodiguaient les soins les plus délicats avec un dévouement inlassable. Un jour que Mlle A. la quittait après avoir arrangé ses coussins, la malade dit à une visiteuse : « Oh! qu'elles sont bonnes!... » Et d'une autre de ses chères gardes, elle disait encore : « Comme elle est vertueuse! » Le

Père A. et M. l'Aumônier venaient souvent la réconforter, ranimer sa confiance, purifier son âme par de fréquentes absolutions. Ils étaient par leurs visites et les visites de son frère, l'abbé Pierre, autant de Cyrénéens, placés par Jésus sur sa voie douloureuse. C'était, par-dessus tout, Jésus-Hostie qui venait à elle fréquemment, viatique suprême pour la dernière étape.

Un moment, Mlle Thérèse-Marie désira vivement guérir; autour d'elle aussi, on désirait cette guérison. Et l'on fit à la vénérable Mère Thérèse du Cœur de Jésus (Théodelin Dubouché), fondatrice de l'Institut de l'Adoration réparatrice, une neuvaine qui demeura sans résultat.

Une nouvelle congestion pulmonaire ruina le peu de forces qui lui restait. Elle reprit sa place dans son fauteuil, se prêtait aimablement à toutes les visites et travaillait encore à l'aiguille ou à quelque tricot. La faiblesse s'accentuait, et l'on crut prudent de proposer l'Extrême-Onction. La malade eut un premier mouvement de surprise; elle ne se croyait pas si mal. Elle se recueillit devant Dieu, prit conseil; et après peu de jours, demanda d'elle-même qu'on voulût bien l'administrer, le mercredi 2 mai, qui était l'octave de la solennité de saint Joseph. La cérémonie se fit dans la soirée, par M. l'Aumônier, en présence de l'abbé de Courten, et de quelques personnes de la Tour. Ce fut simple et touchant. Mlle Thérèse-Marie, dans un fauteuil, adressa quelques paroles de reconnaissance et d'adieu et suivit avec foi et piété les prières de la sainte Eglise.

Dès lors, elle ne réagit plus contre le mal. Le regard fixé vers le but, unie à la volonté de Dieu, elle se préparait au grand passage. Devant elle, le Christ de sa profession et un autre, de moindre dimension, souvenir de Rome, enrichi par Pie XI d'une indulgence *Toties Quoties* et qu'elle baisait et rebaisait sans cesse. Toujours levée, mais dans quelle pénible position : pliée en deux, appuyée contre sa table, la tête cachée dans ses bras, elle demeurait silencieuse pendant de longs intervalles; puis, tout à coup, elle se redressait, causait avec sa bonté coutumière, s'intéressant à tout et à tous; de sa santé, de sa souffrance, jamais un mot. Malgré son état de fatigue, elle ne se refusait à aucune visite dans la crainte de peiner; elle gardait pour chacun son bon sourire et une parole aimable et, quand on la quittait, un geste amical de la main vous accompagnait encore à la porte.

Le vendredi 11, elle demanda des cartons qui renfermaient sa correspondance et des notes intimes, et une heure et demie durant, aidée par une personne de confiance, elle déchira tout et ordonna que tout fût immédiatement brûlé. Cet effort produisit un surcroît de fièvre : le thermomètre marqua 40°. Elle était réellement rivée à la Croix, elle y demeurait aimante et soumise avec le divin Maître. Un soir cependant, comme on lui apportait son repas de midi, elle soupira : « Oh! laissez-moi mourir... je n'en puis plus... je ne peux pas manger. » — « Courage, reprit l'infirmière, tant qu'on vit, on peut mériter. » Et elle s'efforça de manger un peu.

Le calice était plein; et combien amer. Et elle devait le boire jusqu'à la lie. Comme il arrive parfois dans la vie des serviteurs de Dieu, le démon, jaloux de cette âme, lui livra un dernier assaut. Dans la nuit du 13 au 14 mai, tout à coup la malade fait entendre un appel déchirant : « Mlle A., êtes-vous là? — Me voici... Me voici, qu'y a-t-il? — Oh! je souffre!... je vais mourir! » L'infirmière lui offre une boisson qu'elle refuse. La malade promène autour d'elle un regard plein d'effroi. « ... Il est là! Ah! mon Dieu, ayez pitié de moi!... » Mlle A. la rassure, fait sur le lit le signe de la Croix avec de l'eau bénite et commence la récitation du chapelet, tandis que Mlle Thérèse-Marie baisait à plusieurs reprises son Christ indulgencié. Peu à peu, le calme revint. « C'est fini! » soupira la malade, et, paisible, elle dormit jusqu'au matin.

Le 15 mai, de son fauteuil, elle répondit encore aux élèves qui rentraient.

Le 16, elle ne put se lever; elle dit à Mlle C. : « Je vais voir le Bon Dieu!... — Vous êtes bien heureuse, tout le monde n'en peut pas dire autant. — Oui, mais c'est dur! » Sur sa demande, Mlle C. récita les prières des agonisants et les commentait, la malade approuvait d'un signe de tête.

Dans l'après-midi, elle reçut des anciennes qui avaient leur réunion à la Tour. L'une d'elles, dès le lendemain, faisait le récit de sa dernière rencontre avec sa chère maîtresse :

« Vous ne pouvez vous imaginer combien j'ai eu de peine hier en arrivant à la Tour d'apprendre qu'elle (Mlle Thérèse-Marie) était bien mal. Heureusement, je ne suis jamais en retard, et, bien avant la réunion, je suis montée dans sa chambre, où je ne croyais pas la trouver si bas. Elle était dans son lit, assise, calée par des coussins, elle m'a fort bien reconnue, et me prenant les mains, elle me dit : M... je m'en vais; c'est la fin... Et D... faites-en une bonne chrétienne. Vous occupez-vous des œuvres? Et sur ma réponse affirmative, elle me dit : Continuez. Comme je lui avais apporté quelques pivoines, et que Mlle C..., assise auprès d'elle, les lui faisait voir : Merci, vous avez toujours été gentille pour moi, et vos fleurs duraient toujours longtemps. On lui donna du champagne, mais, à la façon dont elle l'absorba, je sentis que c'était la fin... Les quelques paroles qu'elle m'avait dites l'avaient fatiguée, et, avant de me retirer, elle me prit la main qu'elle serra et me regarda d'une façon profonde, que je n'oublierai pas. Toute la nuit, j'ai pensé à elle; ce matin, j'ai entendu la messe et fait la sainte communion pour elle. Quel vide elle fera, car n'est-elle pas la bonté et aussi l'intelligence personnifiée? »

Il lui restait encore quelques écrits à détruire; elle exigea qu'ils fussent déchirés en sa présence. On le fit avec quel regret!... Quand tout fut terminé, elle demeura tranquille et soulagée.

Le lendemain, c'était la première communion à Sainte-Marie; quand son frère prit congé, elle lui dit : « Maintenant, ne pensez plus à moi. Soyez tout à vos communiants! »

M. l'Aumônier, dans la soirée, lui proposa le saint viatique; elle s'y opposa énergiquement; par respect, sans doute, elle remit au lendemain matin.

Après cette journée fatigante, à sept heures moins un quart, elle sollicita douloureusement son chapelet, soupira sur son mois de Marie qui n'avait pas été fait; et réclama toutes ses prières habituelles avant de s'endormir.

Le lendemain, la sainte Eglise célébrait la fête de l'Ascension. Jésus-Hostie vint une dernière fois munir la mourante pour le grand voyage. Elle leva sur les personnes présentes un regard profond qui prenait encore contact avec le monde, mais déjà se remplissait de l'Eternité. Son âme se dégageait peu à peu; elle montait vers Dieu pendant que la mort, cette grande libératrice, achevait l'œuvre de purification, sur le pauvre corps décharné. Elle gardait toute sa lucidité, et, pas plus que les jours précédents, elle ne manqua un exercice de piété. La personne qui récitait le chapelet, émue, bredouillait quelque peu et passait des *Ave Maria*. « Comment récitez-vous le chapelet? dit d'une voix encore forte la mourante. Et l'examen qu'en faites-vous (1) ? » A une autre, elle fit remarquer qu'elle oubliait un *Ave Maria*. En effet, la personne avait une dizaine de neuf grains et ne s'en était pas rendu compte.

En cette après-midi de l'Ascension, toutes les personnes de la Tour passèrent à son chevet pour lui dire « Adieu », c'était une procession ininterrompue. Pour chacune, elle avait un mot particulier, une recommandation suprême, une bonne parole... Jusqu'à la fin, elle s'oubliait. Dans la soirée, elle suffoquait. Comme l'infirmière disposait les coussins pour la nuit, elle fixa sur elle ses regards, et, avec un bon sourire, elle demanda : « Qu'allez-vous faire maintenant? — Me coucher, à moins que vous ne préfériez que je reste auprès de vous? — Non, couchez-vous, c'est mieux. »

A une heure et demie, l'infirmière lui fit boire un peu d'eau... puis, un peu de champagne qu'elle ne put absorber. Toujours en pleine connaissance, elle interrogea d'une voix forte sa garde dévouée qui examinait son pouls : « Il est bien? » Sa réponse affirmative l'attrista, et elle reprit : « Pourtant, c'est fini! »

Vers trois heures, elle exprima le désir de voir le Père Alfred; puis, d'un signe expressif, Mlle Thérèse. La paralysie des poumons

(1) L'examen du milieu du jour dit examen particulier.

s'accentuait, la malade étouffait, la langue s'embarrassait et quand Mlle Thérèse arriva, vers quatre heures, elle ne put se faire comprendre; seul, son regard parlait encore, plein de douleur, de désir et de résignation. A six heures, le Père Alfred vint lui donner encore une absolution... Puis, ce ne fut plus qu'une prière incessante; la mourante faisait signe qu'elle entendait, ses lèvres remuaient encore en union avec les personnes pieuses qui l'entouraient. Vraiment, elle est partie en priant. Vers huit heures, son infirmière lui fit comprendre qu'elle allait paraître devant Dieu, que la très sainte Vierge était là, tout près d'elle, pour l'aider et la conduire à Jésus. Et l'on commença les litanies des agonisants. Arrivée à ces mots : « Partez, âme chrétienne », la bonne Mlle A., saisie d'émotion, ne put continuer, se tournant vers la sous-infirmière : « Je ne puis vraiment prononcer cette parole... » La mourante souleva la tête comme pour lui dire : « C'est le moment, ne craignez pas... » On passa outre; on suggéra des invocations et des actes d'amour. Mlle Thérèse, que ses devoirs avaient rappelée auprès des enfants, revint alors, accompagnée de M. l'aumônier. Il adressa un mot de piété, donna une suprême absolution. Il reprit la partie omise des litanies, suivie d'autres prières. Au *suscipe* de l'hymne *Memento rerum Conditor*, dans un léger mouvement des lèvres, un souffle imperceptible, la belle âme de Mlle Thérèse-Marie s'en retournait vers le

Dieu qu'elle avait tant aimé et fidèlement servi. « Un lendemain d'Ascension, comme le faisait remarquer une ancienne élève, pendant le mois de Marie, pour une âme qui nous a tant appris *à monter par Marie*, voilà bien le dernier exemple qu'elle devait nous laisser pour nous encourager. »

Bientôt, revêtue de l'habit religieux, la dépouille mortelle reposait sur sa couche funèbre. Ses lèvres, closes à jamais, souriaient d'un sourire suave qui pacifiait et consolait les cœurs mêmes les plus endoloris par ce douloureux départ.

Dépouille sainte, dépouille chérie, quel ravissement de l'au-delà imprimait ce sourire sur vos lèvres sans vie? N'était-ce pas la rencontre de votre mère aimée, de cette mère qui vous écrivait un jour : « Tu me manques toujours, mon ange! Il me semble qu'au ciel tu me manqueras encore!... » Et c'était maintenant le retour... C'était la réunion sans fin. Et c'était le sourire.

Les visites se succédèrent dans la chambre mortuaire; on était avide de revoir encore ce visage aimé, de prier pour le repos de cette âme. Et, pourquoi ne pas le dire? de la prier. Déjà on avait confiance en son intercession auprès de Dieu.

Les obsèques, dans la chapelle de la Tour, réalisèrent un souhait, jadis exprimé par la chère défunte : « Je voudrais mourir au milieu des élèves et qu'elles assistent à mon enterrement. » La levée du corps se fit à l'Atrium, tendu de noir. On avait déposé la bière dans une chapelle ardente, au pied d'une statue de Notre-Dame de Lourdes et d'un Christ. M. l'aumônier à l'autel, richement illuminé par les bougies de sept candélabres, célébra la messe de *Requiem*, servie par quatre élèves de Sainte-Marie et chantée avec une réelle perfection par les Céciliennes de la Tour.

La chapelle, prolongée par une grande salle contiguë, était pleine d'une foule pieuse, recueillie et sympathique. Parents, anciennes, amis, enfants étaient accourus de tous les points de la grande cité, et même de la province. Dans le chœur, on comptait plusieurs prêtres, d'autres s'étaient mêlés aux assistants de la nef. Un groupe d'élèves de Sainte-Marie amenés par M. l'abbé Schmitt, un de leurs aumôniers, représentait cette maison de la rue de Monceau sur laquelle Mlle Thérèse-Marie avait reporté une partie de son affection pour son frère, et pour laquelle, on s'en souvient, elle offrait, chaque jour, une heure de ses travaux, de ses fatigues et de ses souffrances. Le Révérend Père Alfred donna l'absoute.

La triste cérémonie au Père Lachaise fut des plus touchantes. La grande classe et les philosophes du pensionnat suivaient immédiatement le corbillard, puis, les parents, les compagnes, ses sœurs d'affection et de nombreux amis. Sans compter avec la distance, ils avaient tenu à donner cette dernière marque de sympathie à celle qui bien souvent les avaient consolés dans leurs peines, aidés dans leur détresse, éclairés dans leurs difficultés. Les lettres reçues, dans cette douloureuse circonstance, sont l'expression de regrets sincères, de l'affection profonde de ceux qui avaient approché Mlle Thérèse-Marie, l'avaient connue et aimée.

Sans parler des membres de sa famille, si fidèles à leur aînée, ses compagnes, les associées de ses labeurs quotidiens, pleuraient cette bonne Mlle Thérèse-Marie dont la vie a été un grand acte d'union avec Notre-Seigneur et de charité pour toutes et pour chacune de ses sœurs adoptives.

Recueillons quelques notes de ce concert unanime de louanges et de deuil... « Qui de nous ne se sent atteinte par le départ de Mlle Thérèse-Marie? Nous le disions ensemble, hier. Quelle est celle d'entre nous qui n'a été conseillée, encouragée, édifiée par elle... »

« Vraiment, écrit une autre, cette mort est un deuil pour chacune d'entre nous... Elle fut bonne, favorisant, de tout son pouvoir, la bonne entente, la paix, l'union des cœurs. »

« Nous perdons en Mlle Thérèse-Marie une belle figure, proche de la perfection et profondément religieuse. Là est son caractère dominant, sa grande beauté et c'est pourquoi tant de regrets ont marqué son départ. Elle a semé le bien dans certaines âmes, et celles-ci s'en souviendront longtemps. Elle a accompli son devoir, quelquefois aux dépens d'elle-même, pas toujours consolée, pas toujours heureuse comme succès; mais Dieu voyait ses intentions et celles-là étaient dignes de Lui. Je la regrette profondément. Pas toujours de son avis, j'appréciais pourtant ses vues : le surnaturel n'en était jamais absent. Nous sommes toutes frappées par ce coup mortel. »

Nous ne reviendrons pas sur l'affection des élèves, des anciennes comme des présentes; nous avons dit assez leur attachement, leur reconnaissance pour celle qui les avait aimées jusqu'à la fin avec un dévouement inlassable.

Les employées de la maison exprimaient leur douleur sur la disparition de cette bonne demoiselle qui savait si bien défendre leurs intérêts : « J'ai tout perdu, déclarait l'une d'elles. Qui prendra ma cause en main dans les difficultés? » Et cette plainte, non moins émue : « Mlle Thérèse-Marie avait un conseil dans toutes les obscurités, dans toutes les souffrances du corps et de l'âme; mais de plus, elle comprenait si bien les besoins de notre temps, les évolutions sociales qu'elle trouvait une issue à toutes les difficultés. On la quittait toujours contente, parce que toujours, elle agissait ou conseillait selon la plus stricte équité... Que vais-je devenir maintenant qu'elle n'est plus? » Les mères des élèves l'ont pleurée avec leurs filles, et gardent le souvenir de son influence bénie. « Cette mort nous a été, *à toutes trois*, une réelle émotion et une peine. Quel vide va faire sa bonté, son conseil si profondément éclairé par la lumière d'en haut, si intelligent et si humble. Ce qu'elle m'a dit, lors de ma dernière visite, me reste comme un souvenir sacré, car je la considère comme une sainte. La sainte Vierge aura reçu cette âme d'une humilité si absolue, si rare. »

« Je prierai Dieu, qu'elle a vu et qu'elle va posséder à jamais, d'augmenter sa gloire d'un degré de plus, pour tout le bien qu'elle a fait à mes enfants. »

Mêmes expressions d'estime de la part des prêtres, qui ont eu quelques rapports avec cette belle âme si droite et généreuse. Qu'on nous permette la citation suivante d'une singulière valeur, écrite par un religieux éminent : « Du fond du cœur, je m'unis au deuil douloureux, comme aux immortelles espérances de votre chère fervente communauté. Quelle mémoire de bénédictions laisse parmi vous et parmi tous ceux qui l'ont connue, cette âme si sage, si charitable, si judicieuse, si élevée, si noblement vibrante pour toutes les formes du vrai et du bien... »

Et ces lignes d'un ancien aumônier :

« C'est de toute mon âme que je m'associe à la grande douleur que vous cause la mort de la chère, discrète, pieuse et vénérée personne que Dieu vient de rappeler à Lui.

« J'avais depuis longtemps conçu pour elle une grande admiration et une profonde sympathie.

« J'admirais tant son amour pour Dieu, sa piété envers la sainte Vierge Marie, sa parfaite droiture, sa passion pour tout ce qui lui paraissait le *meilleur*.

« Dieu l'a récompensée de ses luttes, en lui

accordant la grâce suprême de faire face à la mort en parfaite sérénité. Elle aimait fortement sa famille qui savait si bien l'apprécier... son complet dévouement à la jeunesse ne s'est jamais démenti...

« ... Pour prix de ses vertus et de ses souffrances, elle est assurée du bonheur éternel, et aussi de la fidèle amitié de sa famille et de la reconnaissance des élèves, à qui elle a appris à aimer Dieu par-dessus toutes choses. »

EPILOGUE

Joséphine de Courten, l'humble Mlle Thérèse-Marie, a été l'expression vivante du dicton populaire : l'habit ne fait pas le moine.

Au milieu des difficultés d'une époque troublée, elle a su garder intacte sa robe virginale tissée de pauvreté, de chasteté et d'obéissance. Qu'importent les embûches tendues par l'ennemi, quand Jésus est là; quand, chaque jour, dans votre poitrine descend l'Hôte divin, le Pain des forts, le Vin qui fait germer les vierges... Qu'importent les batteries dressées contre les remparts, si Marie les défend, l'Immaculée, « terrible comme une armée rangée en bataille », *terribilis ut castrorum acies ordinata.*

APPENDICE

DISCOURS DU GRAND-BAILLIF

COMTE MAURICE DE COURTEN

Le 5 octobre 1847

Nous nous réunissons sous de vives et fortes impressions. L'héritage de nos pères est menacé, cet héritage sacré qu'ils ont conquis au prix de leur vie, qu'ils ont su conserver, et souvent aussi, au prix de leur sang. Les Fils honoreront la mémoire d'héroïques ancêtres et s'en montreront les dignes descendants. Le radicalisme, après avoir changé et altéré maintes constitutions cantonales, après avoir jeté en Suisse le brandon de la discorde, est loin d'être satisfait. Ce n'était pas assez pour lui d'avoir, dès la première année de son invasion ouverte, fait couler le sang suisse à Bâle, d'avoir cherché à semer des discussions religieuses dans son congrès de Baden, d'avoir usurpé les propriétés sacrées des couvents, d'y avoir porté une main sacrilège, d'avoir chassé de leurs monastères des personnes qui s'étaient retirées du monde pour se vouer au recueillement, à la méditation, aux œuvres de bienfaisance et de charité, en même temps qu'à la culture des sciences. La victoire remportée sur de saintes femmes qui ne pouvaient opposer au sabre que le signe auguste de la Rédemption, assaillies dans leur sanctuaire, au milieu des rigueurs de la saison, et forcées ainsi de braver les frimas d'une terre que, de longtemps, leurs pieds n'avaient plus foulée; et cela, pour chercher, dans les régions lointaines, un abri, ne les satisfaisait pas encore : il lui fallait de nouvelles persécutions et de nouveaux attentats. Le sang suisse répandu en Valais, deux fois à Lucerne, et qui avait teint aussi la terre de Fribourg et le sol d'Ebersol (1), ne l'avait pas non plus désaltéré. Tant d'attentats et de méfaits n'avaient pas encore atteint, pour lui, le comble de la mesure. Depuis 17 ans (2), il projetait la perturbation, non seulement des familles cantonales, mais de la grande famille de Tell; il voulait jeter le trouble dans la constitution fédérale même; et aujourd'hui, il nous menace de son épée. Douze cantons et deux demis viennent de voter la dissolution d'une alliance qu'ils appellent séparative; tandis qu'elle est, non seulement dans l'esprit, mais même dans la lettre du pacte juré solennellement le 7 août 1815 (3), souvent renouvelé chaque année, et par tous les co-Etats à l'Ouverture de l'Assemblée fédérale. Les mêmes cantons se targuant toujours d'un simulacre de légalité, à raison du nombre, ont, de même, prononcé l'expulsion de la Compagnie de Jésus, la revision du contrat fondamental de la Suisse et l'élimination

(1) Village du canton de Lucerne, d'où était originaire le Chef catholique, Leu.

(2) Le mouvement antichrétien du radicalisme datait de 1830.

(3) Le pacte fédéral que juraient tous les cantons depuis 1816.

de l'Etat-Major fédéral, des Officiers fidèles à l'honneur de la Patrie, à leur serment. Ils ont déjà établi l'unitarisme, non dans la forme, mais dans le fait. Ils veulent, aujourd'hui, mettre à exécution, par la force des armes, des résolutions liberticides qui mettraient en lambeaux le contrat de famille, qui briseraient nos libertés, jusqu'à la première, la plus précieuse de toutes, celle de la conscience, qui assujettiraient sous un vil servage, qui feraient peser sur la terre classique de la Liberté le joug le plus honteux et le plus tyrannique. Il n'en sera rien! La religion inspire, le patriotisme commande; le peuple valaisan a déjà rejeté cette servitude; il a dit par l'organe de ses représentants, qu'il était prêt à repousser la force par la force, que la génération présente avait hérité assez de foi et de force pour défendre, conserver et transmettre intact à la postérité le précieux dépôt dont elle est responsable. Quelle est donc cette foi? Celle des patriarches, qui leur attirait les bénédictions du ciel, et leur faisait faire des prodiges. Celle qui nourrissait les principes de nos Pères, qui faisait le lien de leur fidélité, qui était leur législatrice, qui donnait cette tranquillité et cette sécurité si admirables à leurs âmes courageuses marchant au combat.

Quelle est cette force? Celle que donne le souvenir de maintes victoires remportées par le petit nombre sur le grand; et, entr'autres celle de 1419, où 600 valaisans ont résisté à 1.300 hommes, tombés à l'improviste sur eux et les ont forcés à la retraite (1). Nos glorieux ancêtres in-

(1) Victoire d'Ulrichen, dans la vallée de Conches, sur les Bernois.

voquaient le Dieu des armées; le combat s'engageait : la liberté, la justice et la religion remportaient d'éclatantes victoires. Elles ne dépendaient pas de la grandeur des armées : leur force venait du Ciel. C'est ainsi que le Valaisan se montrera, si une injuste attaque le provoque au combat. Jamais nous ne reconnaîtrons à une majorité illégale de douze Etats le pouvoir de prononcer hors des limites du pacte. Ce sont eux qui forment un Sonderbund, une ligue radicale hostile à l'Allgemeinenbund (alliance commune); ils lacèrent, ils foulent aux pieds le droit public suisse; ils violent de la manière la plus scandaleuse le droit des gens. Les sept cantons n'ont fait que s'unir plus étroitement pour la défense d'un pacte attaqué, d'abord par une association secrète, qui est parvenue à former une ligne politique se jouant de tous les principes d'ordre. Cette association, qui s'est formée aujourd'hui en Sonderbund radical, et qui veut déclarer au contrat de famille une guerre d'extermination. Cette association voudrait même déchirer des pages de la Loi de 6.000 ans, de la loi aussi ancienne que le monde, réglant le droit si naturel, si légitime de sa propre défense. Ce n'est que lorsque cette loi a été violée de la manière la plus éhontée, que l'Alliance des sept Cantons a été décidée, à la suite d'invasions imprévues, préparées et accomplies sous les yeux et avec le concours de certains gouvernements. De ce haut lieu, j'ai déjà fait observer que ce n'était pas à l'Eglise de Rome seule que le paganisme moderne déclarait une guerre à outrance, mais qu'il poursuit toutes les confessions du Christianisme. Quel serait l'incrédule qui, aujourd'hui, pourrait en douter? Chaque jour ne produit-il pas un nouvel acte qui devrait dessiller les yeux de tous. La société entière est attaquée dans sa religion, dans ses institutions et dans ses mœurs. Ne travaille-t-on pas, sans cesse, à renverser tous principes religieux politiques et moraux. Dans la lutte qui s'est ouverte en Suisse, le Valais ne se départira jamais de son attachement à la vieille foi; nous la soutiendrons avec notre indépendance, avec notre liberté cantonale; nous sauvegarderons nos droits; nous saurons les faire respecter : la religion dicte notre conduite, la liberté trace nos obligations, notre propre existence, nos devoirs, l'honneur aussi nous le commande. Nous serons fidèles aux serments que nous avons prêtés; nous l'avons juré devant le Dieu de nos Pères, devant le Dieu qui tient dans sa main la destinée des Nations, devant le Dieu de justice. Les Etats d'une alliance amenée par les mêmes causes que ces alliances séculaires, dont le Valais faisait aussi partie, conclues et renouvelées si solennellement et si souvent, sans réclamation d'aucun de ces Etats, ne seront pas agresseurs, mais ils acceptent noblement le combat. Ils feront voir qu'un peuple qui combat pour sa religion, pour sa liberté, pour sa Patrie est fort, quelque faible qu'il soit en nombre. Oui! qu'il est invincible!

Une cause si sacrée, qui a conquis la sympathie de tous les amis de l'ordre, jusque dans les pays les plus reculés, ne périra pas. Le Dieu trois fois Saint, trois fois puissant, lui assure le triomphe. C'est en plaçant la Patrie sous sa protection que je déclare la session extraordinaire ouverte.

HORAIRE SPIRITUEL QUOTIDIEN DE Mlle THÉRÈSE-MARIE

Sur un signet imprimé du Sacré-Cœur, l'offrande suivante :

A vos intentions
Divin Cœur de Jésus,
J'unis les miennes
A vous ma journée de prières et de travail
Faites-en l'œuvre de
Réparation que vous
Attendez de moi.

Au verso du Signet, l'horaire suivant écrit de sa main :

6 heures	1. 3e classe (1).
7 heures	2. Réparation.
8 heures	3. Elèves de Sainte-Marie.
9 heures	4. Perfection.
10 heures	5. Missions des Indes.
11 heures	6. Famille.
12 heures	7.
1 heure	8. Missions Franciscaines.
2 heures	9. Immaculée Conception.
3 heures	10. Congrégation (de Sainte-Clotilde).
4 heures	11. Clergé.
5 heures	12. Les Pécheurs.
6 heures	13. Les Malades.
7 heures	14. Les Personnes recommandées.
8 heures	Ames du purgatoire.

(1) Mlle Thérèse-Marie avait adopté la 3e classe, et s'en était constituée la marraine spirituelle. De leur pèlerinage à Montmartre, le 12 mai 1928, les élèves rapportaient à la chère malade, presque mourante, une image du Sacré-Cœur avec cette signature « Souvenir de vos filleules :

Les Troisièmes.

TABLE DES MATIÈRES

ÉDITIONS SPES, 17, rue Soufflot, PARIS-V^e

POITIERS. —

www.ingramcontent.com/pod-product-compliance
Ingram Content Group UK Ltd.
Pitfield, Milton Keynes, MK11 3LW, UK
UKHW022108260726
13993UKWH00001B/380

9 782329 206448